리얼 현지 회화를 입에 착! 풍부한 어휘까지 한 번에 좍!

착! 붙는
중국어
독학 두걸음

저 **허은진 · 츠징위**

🐯 시사중국어사

착! 붙는 중국어

독학 두걸음

초판인쇄	2024년 7월 25일
초판발행	2024년 8월 10일

저자	허은진, 츠징위
편집	연윤영, 최미진, 高霞
펴낸이	엄태상
디자인	권진희, 진지화
일러스트	표지: eteecy, 내지: 김숙희, 지창훈
콘텐츠 제작	김선웅, 장형진
마케팅본부	이승욱, 왕성석, 노원준, 조성민, 이선민
경영기획	조성근, 최성훈, 김다미, 최수진, 오희연
물류	정종진, 윤덕현, 신승진, 구윤주

펴낸곳	시사중국어사(시사북스)
주소	서울시 종로구 자하문로 300 시사빌딩
주문 및 문의	1588-1582
팩스	0502-989-9592
홈페이지	http://www.sisabooks.com
이메일	book_chinese@sisadream.com
등록일자	1988년 2월 12일
등록번호	제300 - 2014 - 89호

ISBN 979-11-5720-262-1 13720

＊＊＊

〈착! 붙는 중국어 독학 첫걸음〉 교재를 펴내고 어느덧 시간이 많이 흘렀습니다. 책이 나오기까지 준비하는 그 사이 많은 일들이 일어났습니다. 벗어날 수 없을 만큼 급변하는 시대의 한 중심에 우리는 서 있습니다. 하물며 중국어에 대한 이해와 인식도 많이 변한 것 같은데요. 단순 어학에서 인간의 가장 가치 있는 활동인 소통(커뮤니케이션) 그 이상의 도구로 자리 잡은 것 같습니다. 그만큼 언어의 중요성과 필요성은 많은 산업, 과학 발전 속에서도 가장 기본적이면서 동시에 주요한 양면성을 갖추게 되는 것 같습니다.

이번 〈착! 붙는 중국어 독학 두걸음〉 교재에서는 배우고자 하는 그 언어를 사용하는 국가에 대한 문화와 이해가 먼저 필요하고 그 언어를 사용하는 사람들의 생각과 행동들이 언어를 통해 표현되기에 그 부분에 초점을 맞추려 했습니다. '내가 말하고 싶은 한국어는 중국어로 어떻게 표현될까?' 어떤 단어를 사용하는 걸까? 어떤 표현을 숙어로 쓸까? 등등 외국어로 중국어를 학습하는 것을 넘어 중국인이 즐겨 하는 표현과 좀 더 폭넓은 주제들로 접근할 수 있도록 다양하게 구성해 보았습니다. 본문의 대화를 통해 어휘를 익히고, 핵심 표현 문장의 어법 구조를 이해하면서 단순 어휘 치환을 넘어 구와 절을 바꿔 말하는 연습을 반복함으로 상황에 따라 긴 문장도 자연스럽게 연상되도록, 문장 자체에 대한 이해와 표현을 반복하는 이러한 과정 중에 언어는 자연스럽게 자신의 것이 될 것입니다.

'灯不拨不亮 dēng bù bō bú liàng' 이 중국어 속담은 '등잔에 불을 붙이지 않으면 어둡다.'는 의미를 갖고 있는데요. 이 말인즉슨 무슨 일이든 시작조차 하지 않으면 성과를 알 수 없다는 말입니다. 무슨 일이든 시작이 어려운 법이지요. 그렇지만 여러분은 이미 망설이지 않고 중국어에 도전을 했고 벌써 이 교재를 선택하셨습니다. 당장 눈에 보이는 성과를 얻지 못해도 조급해하지 마시고 차근히 배우며 나아가면 어느덧 중국어로 생각하는 본인을 발견하실 겁니다. 끈질기게 하는 사람은 그 길 끝에 달콤함을 알기 때문이겠죠? 열심히 하지 마세요! 끈질기게 하세요! 대나무처럼 성장이 더디 느껴져도 후에 폭발적인 성장을 이루시는 여러분 자신을 보시길 기대합니다!

〈착! 붙는 중국어 독학 두걸음〉 교재와 함께 끈질기게 나아가시기를 응원합니다. 감사합니다.

저자 허은진 · 츠징위

목차

✳ 4주 완성 학습 PLAN

주	DAY	단원명	주요 표현	핵심 어법	체크
1주	1	**UNIT 01** 1월 초부터 2월 말까지 가면 볼 수 있어요.	• 그곳의 날씨는 서울과 같아요? • 1월 초부터 2월 말까지 가면 볼 수 있어요.	• A跟B一样(비교) • 从A到B	
	2	**UNIT 02** 만약 중국에 간다면, 어디에 놀러 가고 싶어요?	• 내 느낌에 통과할 것 같아요. • 만약 중국에 간다면, 어디에 놀러 가고 싶어요?	• 조동사 숲(추측, 가능, 실현) • 접속사 如果…的话(가정)	
	3	**UNIT 03** 나는 지금까지 중국에 가본 적이 없어요.	• 나는 지금까지 중국에 가본 적이 없어요. • 나는 당신이 중국에서 생활한 줄 알았어요.	• 부사 从来 • 동사 以为	
	4	**UNIT 04** 나는 작년에 결혼했어요.	• 나는 작년에 결혼했어요. • 처음에는 전혀 그를 좋아하지 않았어요.	• 강조 구문 是…的 • 一点儿也 / 都 + 不 / 没	
	5	**UNIT 05** 사진 찍는 것이 재미있기는 한 데, 장비가 너무 비싸요.	• 사진 찍는 것이 재미있기는 한데, 장비가 너무 비싸요. • 그럼 당신은 집에서 잠이나 자는 것이 낫겠어요.	• 접속사 虽然…但是… • 부사 还是	
	6	복습 1			
2주	7	**UNIT 06** 치마를 보시겠어요, 아니면 바지를 보시겠어요?	• 치마를 보시겠어요, 아니면 바지를 보시겠 어요? • 한번 입어보세요.	• 접속사 还是 • 단음절 동사중첩	
	8	**UNIT 07** 마카롱 외에, 각종 케이크도 있어요.	• 마카롱 외에, 각종 케이크도 있어요. • 우리 먹으면서 수다 떨어요.	• 접속사 除了…以外, 还 • 부사 一边A一边B	
	9	**UNIT 08** 의사 선생님께서 저한테 며칠 쉬라고 하셨어요.	• 의사 선생님께서 저한테 며칠 쉬라고 하셨 어요. • 너무 많아서 다 못 먹겠어요.	• 사역동사 让 / 叫 / 派 / 请 • 가능보어 1	
	10	**UNIT 09** 나는 요즘 퇴근하자마자 요리를 배우러 가요.	• 나는 요즘 퇴근하자마자 요리를 배우러 가요. • 한식이든 중식이든 다 자신있어요.	• 一…就… • 접속사 无论A还是B, 都	
	11	**UNIT 10** 나는 잇몸이 아파서 음식을 먹지 못해요.	• 나는 잇몸이 아파서 음식을 먹지 못해요. • 빨대 가져오는 거 절대 잊지 마세요.	• 가능보어 2 • 부사 千万	
	12	복습 2			

주	DAY	단원명	주요 표현	핵심 어법	체크
3주	13	**UNIT 11** 회사에 온 지 거의 8년 됐어요.	• 회사에 온 지 거의 8년 됐어요. • 나에게 돈 좀 빌려주세요.	• 시량보어 • 이중목적어	
	14	**UNIT 12** 하마터면 물건을 잃어버릴 뻔했어요.	• 그의 휴대 전화가 계속 꺼져 있어요. • 하마터면 물건을 잃어버릴 뻔했어요.	• 동태조사 着(동작/상태 지속) • 부사 差点儿	
	15	**UNIT 13** 선물을 집에 놓고 와서, 사진으로 보여 줄게요.	• 곧 춘절이에요. 당신은 어떻게 보낼 거예요? • 선물을 집에 놓고 와서, 사진으로 보여 줄게요.	• 快…了 • 把자문(처치문)	
	16	**UNIT 14** 나가서 달리는 것보다, 집에서 요가를 하는 것이 나아요.	• 보기에도 예쁠 뿐만 아니라, 게다가 공기 정화도 돼요. • 나가서 달리는 것보다, 집에서 요가를 하는 것이 나아요.	• 접속사 不但…而且… • 비교의 A不如B	
	17	**UNIT 15** 다행히 작년 상여금이 남아서, 비로소 살 수 있었어요.	• 월광족에게는 이미 많은 돈이에요. • 다행히 작년 상여금이 남아서, 비로소 살 수 있었어요.	• 对…来说 • 부사 幸亏	
	18		복습 3		
4주	19	**UNIT 16** 쓰촨 사람들이 하는 말을 나는 한 글자도 못 알아들었어요.	• 이번 기회에 쓰촨 마라탕을 맛보려고요. • 쓰촨 사람들이 하는 말을 나는 한 글자도 못 알아들었어요.	• 전치사 趁 • [一 + 양사 + 명사] + 也/都 + 不/没	
	20	**UNIT 17** 나는 그 회사에 채용됐어요.	• 나는 전자 산업에 관심이 많이 있어요. • 나는 그 회사에 채용됐어요.	• 对…感兴趣 • 被자문	
	21	**UNIT 18** 요즘 시간만 있으면 그림 그리는 연습해요.	• 요즘 시간만 있으면 그림 그리는 연습해요. • 그림 그리는 것은 배울만한 가치가 있다고 생각해요.	• 접속 구문 只要…就 • 동사 值得…	
	22	**UNIT 19** 인터넷에 있긴 있는데, 중국어 자막이 없어요.	• 인터넷에 있긴 있는데, 중국어 자막이 없어요. • 회원 가입을 해야지만, 유료 다운로드 받을 수 있어요.	• A是A , 就是… • 접속사 只有…才	
	23	**UNIT 20** 수리비가 그렇게 비싸게 된 이상, 새것으로 바꿀래요.	• 내가 대신 갈게요. • 수리비가 그렇게 비싸게 된 이상, 새것으로 바꿀래요.	• 동사 替 • 접속사 既然…就	
	24		복습 4		

✳ 이 책의 활용법

▶ **음원 제공**
QR코드를 스캔하여 원어민 음원을
바로 확인할 수 있습니다.

▶ **UNIT 주제**
본문 내용의 일부를 그림으로 묘사
하여 주제를 미리 알 수 있습니다.

▶ **UNIT 소개**
각 UNIT의 핵심 주제와 핵심 어법에
대하여 간단히 소개하고 있습니다.

▶ **회화의 토대는 어법**
재미있는 에피소드로 이루어진 대화문을 학습하고,
꼭 알아야 하는 대화문 속 핵심 어법을 간단하게
정리했습니다.

▶ **WORDS**
대화문과 교체 연습 속
어휘를 한 번에 정리했습니다.

▶ **교체 연습**
핵심 어법에 관련된 문장을 패턴에 맞게 어휘를
교체하며 연습하여, 문장을 확장해서 익힐 수 있습니다.

▶ 회화를 내 것으로!

앞에서 배운 대화문을
다시 정리하고, 음원을
들으며 반복해서 읽어보
면 중국어가 입에 착! 붙
을 수 있습니다.

▶ 실전같이 말하기

실생활에서 자주 쓰이
는 대화문을 활용하여
그림을 보고 빈칸에 구
문을 채우며 현지 회화
를 익힐 수 있습니다.

▶ 연습은 실전같이!

듣기, 읽기, 쓰기, 말하기
영역의 연습 문제로 앞에
서 공부했던 것들을 가지
고 자신의 현재 실력과
부족한 부분을 파악하며
정리할 수 있습니다.

▶ +Plus Page 여행 표현

여행하면서 겪을 수 있는 에피소드를
주제별로 대화문을 정리했습니다.
정리된 어휘와 추가 어휘까지 익히면
여행할 때 유용하게 활용할 수 있습니다.

＊

1월 초부터
2월 말까지 가면
볼 수 있어요.

원어민MP3 듣기

从一月初到二月末都可以去看。
Cóng yī yuè chū dào èr yuè mò dōu kěyǐ qù kàn.

❋ 주요 표현

• 그곳의 날씨는 서울과 같아요?

• 1월 초부터 2월 말까지 가면 볼 수 있어요.

❋ 핵심 어법

• A跟B一样(비교)

• 从A到B

A 你老家在哪儿? 너의 고향은 어디야?

Nǐ lǎojiā zài nǎr?

B 我老家在哈尔滨。 내 고향은 하얼빈이야.

Wǒ lǎojiā zài Hā'ěrbīn.

A 那儿的天气跟首尔一样吗? 그곳의 날씨는 서울과 같아?

Nàr de tiānqì gēn Shǒu'ěr yíyàng ma?

B 那儿的天气比首尔冷。 그곳의 날씨는 서울보다 추워.

Nàr de tiānqì bǐ Shǒu'ěr lěng.

우리말의 '이것은 저것과 가격이 비슷하다.'와 같이 동등한 비교를 하고 싶을 때에는 A跟B一样 혹은 A跟B差不多로 표현할 수 있어요. A와 B 에는 같은 종류 또는 비교 가능한 단어나 구를 쓰고 중복된 내용은 생략할 수 있는데, 주의할 점은 형용사 一样 앞에는 很, 非常 등의 정도를 나타내는 부사가 올 수 없어요.

WORDS

老家 lǎojiā 명 고향
跟 gēn 전 ~와[과]
一样 yíyàng 형 같다
短衫 duǎnshān 명 블라우스,
짧은 셔츠
以前 yǐqián 명 이전
差不多 chàbuduō 형 비슷하다
性格 xìnggé 명 성격

✳ 교체 연습 _____ TRACK 002

A   + 跟 +   B   + 一样/差不多 。
주어   비교 대상

那儿的天气	跟	首尔	一样
我的短衫	跟	你的	一样
她的成绩	跟	以前	差不多
我的性格	跟	妈妈	差不多

A 去哈尔滨旅行怎么样? 하얼빈으로 여행 가는 건 어떨까?
Qù Hā'ěrbīn lǚxíng zěnmeyàng?

B 很好啊，哈尔滨的冰灯节特别有名。 좋지. 하얼빈은 빙등제가 특히 유명해.
Hěn hǎo a, Hā'ěrbīn de Bīngdēng Jié tèbié yǒumíng.

A 冰灯节什么时候开始? 빙등제는 언제 시작해?
Bīngdēng Jié shénme shíhou kāishǐ?

B 从一月初到二月末都可以去看。 1월 초부터 2월 말까지 가면 볼 수 있어.
Cóng yī yuè chū dào èr yuè mò dōu kěyǐ qù kàn.

从과 到는 장소나 방향 명사와 함께 쓰여 전치사구를 나타내요. '~부터' 의미의 从 뒤에는 동작의 시작을 나타내는 명사가 오고, '~까지' 의미의 到 뒤에는 동작이 끝나는 명사가 와서 从A到B 'A부터 B까지' 형식으로 자주 쓰여요.

WORDS

开始 kāishǐ 동 시작하다
从 cóng 전 ~부터
初 chū 명 처음, 초
到 dào 전 ~까지
末 mò 명 마지막, 말
得 děi 조 ~해야 한다
背 bèi 동 암기하다
健身 jiànshēn 동 헬스하다
健身房 jiànshēnfáng 명 헬스 클럽

＊ 교체 연습 TRACK 004

从 + A (시간/장소/범위) + 到 + B (시간/장소/범위) + 상황 。

从	A	到	B	상황
从	一月初	到	二月末	都可以去看
从	第一课	到	第六课	都得背
从	晚上八点	到	十点	健身
从	我家	到	健身房	很远

✳ 회화를 내 것으로!

A 你老家在哪儿?
Nǐ lǎojiā zài nǎr?

B 我老家在哈尔滨。
Wǒ lǎojiā zài Hā'ěrbīn.

A 那儿的天气跟首尔一样吗?
Nàr de tiānqì gēn Shǒu'ěr yíyàng ma?

B 那儿的天气比首尔冷。
Nàr de tiānqì bǐ Shǒu'ěr lěng.

A 去哈尔滨旅行怎么样?
Qù Hā'ěrbīn lǚxíng zěnmeyàng?

B 很好啊，哈尔滨的冰灯节特别有名。
Hěn hǎo a, Hā'ěrbīn de Bīngdēng Jié tèbié yǒumíng.

A 冰灯节什么时候开始?
Bīngdēng Jié shénme shíhou kāishǐ?

B 从一月初到二月末都可以去看。
Cóng yī yuè chū dào èr yuè mò dōu kěyǐ qù kàn.

해석

A 너의 고향은 어디야?

B 내 고향은 하얼빈이야.

A 그곳의 날씨는 서울과 같아?

B 그곳의 날씨는 서울보다 추워.

A 하얼빈으로 여행 가는 건 어떨까?

B 좋지. 하얼빈은 빙등제가 특히 유명해.

A 빙등제는 언제 시작해?

B 1월 초부터 2월 말까지 가면 볼 수 있어.

你几点做运动?
Nǐ jǐ diǎn zuò yùndòng?

我 _____ 八点 _____ 九点半运动，你呢?
Wǒ _____ bā diǎn _____ jiǔ diǎn bàn yùndòng, nǐ ne?

我 _____ 你 _____ , 每天下班后来。
Wǒ _____ nǐ _____ , měitiān xiàbān hòu lái.

想要健康真不容易。
Xiǎng yào jiànkāng zhēn bù róngyì.

WORDS

容易 róngyì 형 쉽다, 용이하다

연습은 **실전같이!**

 녹음을 듣고 사진과 일치하면 ○, 일치하지 않으면 X를 표시하세요.　TRACK 008

(1) 　(2) 　(3)

 녹음을 듣고 질문에 알맞은 답을 고르세요.　TRACK 009

(1) 他们要去哪儿?

 Ⓐ 车站　　　　　Ⓑ 游乐场　　　　　Ⓒ 公园

(2) 他们怎么去?

 Ⓐ 打车　　　　　Ⓑ 坐公交车　　　　Ⓒ 坐地铁

읽기 1 주요 표현의 쓰임새에 주의하며 문장을 소리 내어 읽어보세요.　TRACK 010

(1) 她的成绩跟以前差不多。
　　Tā de chéngjì gēn yǐqián chàbuduō.

(2) 我的性格跟妈妈差不多。
　　Wǒ de xìnggé gēn māma chàbuduō.

(3) 从我家到健身房很远。
　　Cóng wǒ jiā dào jiànshēnfáng hěn yuǎn.

(4) 从第一课到第六课都得背。
　　Cóng dì yī kè dào dì liù kè dōu děi bèi.

읽기 2 문장 구조에 주의하며 끊어 읽어보세요. TRACK 011

(1) 去哈尔滨 / 旅行 / 怎么样?

(2) 那儿的天气 / 跟首尔 / 一样吗?

(3) 从一月初 / 到二月末 / 都可以 / 去看。

쓰기 1 다음 빈칸에 들어갈 중국어와 한어병음을 써 보세요.

<table>
<tr><td></td><td>중국어</td><td>한어병음</td></tr>
</table>

(1) 考试什么时候 ⬛⬛⬛ ?

시험은 몇 시에 시작하나요?

_____ _____

(2) 那儿的天气跟首尔 ⬛⬛⬛ 。

그곳의 날씨는 서울과 비슷하다.

_____ _____

(3) 我从一点到两点都得 ⬛⬛⬛ 。

나는 1시부터 2시까지 모두 암기해야 한다.

_____ _____

쓰기 2 다음 어휘를 어순에 맞게 배열하여 문장을 완성하세요.

(1) 跟 / 一样 / 衬衫 / 我的 / 朋友的

→ _____

(2) 哈尔滨 / 有名 / 的 / 特别 / 冰灯节

→ _____

(3) 看 / 都可以 / 到二月末 / 去 / 从一月初

→ _____

연습은 실전같이!

말하기 🔊 그림을 보고 괄호 안의 표현을 참고하여 대화를 완성하세요.　　　　　　　　TRACK 012

(1)

男 明天是星期六，你休息吗?

　　Míngtiān shì xīngqīliù, nǐ xiūxi ma?

女 不休息，我 _____ 工作。 从…到…

　　Bù xiūxi, wǒ _____ gōngzuò.

(2)

女 你怎么去哈尔滨?

　　Nǐ zěnme qù Hā'ěrbīn?

男 _____。 从…到…

　　_____.

(3)

男 你考得怎么样?

　　Nǐ kǎo de zěnmeyàng?

女 不好，_____ 。 跟…一样

　　Bù hǎo, _____.

+ Plus Page 여행 표현

旅客 **我找不到行李了。**
Wǒ zhǎo bu dào xíngli le.
제 짐을 찾을 수가 없어요.

职员 **去那边的咨询处问一下吧。**
Qù nàbiān de zīxúnchù wèn yíxià ba.
저쪽 안내소에 가서 한번 물어보세요.

旅客 **去北京的飞机怎么还不开始登机?**
Qù Běijīng de fēijī zěnme hái bù kāishǐ dēngjī?
베이징으로 가는 비행기는 어째서 아직 탑승하지 않나요?

职员 **不好意思，飞机晚点三十分钟。**
Bù hǎo yìsi, fēijī wǎndiǎn sānshí fēnzhōng.
죄송합니다. 비행기가 30분 연착되었어요.

WORDS

旅客 lǚkè 명 여행자
咨询处 zīxúnchù 명 안내소
登机 dēngjī 동 (비행기에) 탑승하다

职员 zhíyuán 명 직원
飞机 fēijī 명 비행기
晚点 wǎndiǎn 동 연착되다

行李 xíngli 명 여행짐
还 hái 부 아직

+PLUS

机场 jīchǎng 명 공항

起飞 qǐfēi 동 이륙하다

降落 jiàngluò 동 착륙하다

02

*

만약 중국에 간다면, 어디에 놀러 가고 싶어요?

원어민MP3 듣기

✻ 주요 표현

- 내 느낌에 통과할 것 같아요.
- 만약 중국에 간다면, 어디에 놀러 가고 싶어요?

✻ 핵심 어법

- 조동사 会(추측, 가능, 실현)
- 접속사 如果…的话(가정)

✳ 회화의 토대는 **어법**

Ⓐ 听说你打算去中国留学。
Tīngshuō nǐ dǎsuàn qù Zhōngguó liúxué.
듣기로 너 중국으로 유학 갈 계획이라면서?

Ⓑ 是啊，我上周面试了。 응, 나 지난주에 면접 봤어.
Shì a, wǒ shàngzhōu miànshì le.

Ⓐ 结果怎么样? 결과는 어때?
Jiéguǒ zěnmeyàng?

Ⓑ 不知道，我觉得会通过的。
Bù zhīdào, wǒ juéde huì tōngguò de.
몰라, 내 느낌에 통과할 것 같아.

조동사 会는 학습·훈련에 의한 능력으로 '~할 줄 알다'는 의미 외에도
他明天会回来的. '그는 내일 돌아올 거야.'와 같이 문장 끝에 的를 써
서 추측, 가능, 실현을 나타내는 뜻으로도 쓰여요. 부정은 会 앞에 부정
부사 不를 써서 '~할 가능성이 없다', '~일리 없다'의 의미가 돼요.

WORDS

打算 dǎsuàn 동 계획하다
面试 miànshì 동 면접보다
结果 jiéguǒ 명 결과
觉得 juéde 동 ~라고 여기다
会 huì 조동 ~할 가능성이 있다,
~할 것이다
通过 tōngguò 동 통과하다
同意 tóngyì 동 동의하다

✳ 교체 연습 ───────────── TRACK 015

주어 （+ 부정부사）+ 会 + 추측/가능/실현 + 的 。

我觉得		会	通过	的
父母		会	相信你	的
老师	不	会	同意	的
他	不	会	告诉别人	的

A 如果你去中国的话，想去哪儿玩儿?

Rúguǒ nǐ qù Zhōngguó de huà, xiǎng qù nǎr wánr?

너는 만약 중국에 간다면, 어디에 놀러 가고 싶어?

B 我想去上海的迪斯尼乐园。 나는 상하이 디즈니랜드에 가보고 싶어.

Wǒ xiǎng qù Shànghǎi de Dísīní lèyuán.

A 我去过，那儿特别漂亮。 나는 가본 적이 있어, 거기 특히 예뻐.

Wǒ qù guo, nàr tèbié piàoliang.

B 真希望能通过面试，快点儿去中国。

Zhēn xīwàng néng tōngguò miànshì, kuài diǎnr qù Zhōngguó.

면접에 통과돼서 빨리 중국에 가면 좋겠다.

접속사 如果는 우리말의 '만약에 성공한다면', '만약에 그가 이 사실을 안다면'과 같은 표현으로 '가정'을 의미하며, …的话를 같이 사용하여 뒤 절의 내용을 추가할 수 있어요. 접속사 要是 yàoshi도 같은 의미로 사용해요.

WORDS

如果 rúguǒ 접 만약, 만일
的话 de huà ~하다면
迪斯尼乐园 Dísīní lèyuán
고유 디즈니랜드
快点儿 kuài diǎnr 좀 빨리
住 zhù 통 머무르다, 거주하다
外卖 wàimài 명 배달음식

＊ 교체 연습 _____ TRACK 017

如果 + 일어날지도 모르는 가정 + 的话，+ 가정에 의해 생기는 상황。

如果	你去中国	的话，	想去哪儿玩儿?
如果	你有很多钱	的话，	最想做什么?
如果	我一个人住	的话，	想吃外卖
如果	我找到工作	的话，	我请客

A 听说你打算去中国留学。
　 Tīngshuō nǐ dǎsuàn qù Zhōngguó liúxué.

B 是啊，我上周面试了。
　 Shì a, wǒ shàngzhōu miànshì le.

A 结果怎么样？
　 Jiéguǒ zěnmeyàng?

B 不知道，我觉得会通过的。
　 Bù zhīdào, wǒ juéde huì tōngguò de.

A 如果你去中国的话，想去哪儿玩儿？
　 Rúguǒ nǐ qù Zhōngguó de huà, xiǎng qù nǎr wánr?

B 我想去上海的迪斯尼乐园。
　 Wǒ xiǎng qù Shànghǎi de Dísīní lèyuán.

A 我去过，那儿特别漂亮。
　 Wǒ qù guo, nàr tèbié piàoliang.

B 真希望能通过面试，快点儿去中国。
　 Zhēn xīwàng néng tōngguò miànshì, kuài diǎnr qù Zhōngguó.

해석

A 듣기로 너 중국으로 유학 갈 계획이라면서?

B 응, 나 지난주에 면접 봤어.

A 결과는 어때?

B 몰라, 내 느낌에 통과할 것 같아.

A 너는 만약 중국에 간다면, 어디에 놀러 가고 싶어?

B 나는 상하이 디즈니랜드에 가보고 싶어.

A 나는 가본 적이 있어, 거기 특히 예뻐.

B 면접에 통과돼서 빨리 중국에 가면 좋겠다.

 我想去迪斯尼乐园，但是美国太远了。
Wǒ xiǎng qù Dísīní lèyuán, dànshì Měiguó tài yuǎn le.

_____ 你想去迪斯尼 _____，就去上海吧。
_____ nǐ xiǎng qù Dísīní _____ , jiù qù Shànghǎi ba.

好啊，如果我去的话，我 _____ 给你买礼物 _____ 。
Hǎo a, rúguǒ wǒ qù de huà, wǒ _____ gěi nǐ mǎi lǐwù _____ .

太好了，我喜欢有米老鼠的T恤。
Tài hǎo le, wǒ xǐhuan yǒu Mǐlǎoshǔ de T xù.

WORDS

米老鼠 Mǐlǎoshǔ 고유 미키마우스　　　　　T恤 T xù 명 티셔츠

연습은 **실전같이!**

듣기 1

녹음을 듣고 사진과 일치하면 ○, 일치하지 않으면 X를 표시하세요.

TRACK 021

(1)  (2)  (3)

듣기 2

녹음을 듣고 질문에 알맞은 답을 고르세요.

TRACK 022

(1) 女的想做什么?

    Ⓐ 运动　　　　Ⓑ 逛街　　　　Ⓒ 见朋友

(2) 男的想做什么?

    Ⓐ 爬山　　　　Ⓑ 见朋友　　　　Ⓒ 去旅行

읽기 1

주요 표현의 쓰임새에 주의하며 문장을 소리 내어 읽어보세요.

TRACK 023

(1) 老师不会同意的。
　　Lǎoshī bú huì tóngyì de.

(2) 他不会告诉别人的。
　　Tā bú huì gàosu biérén de.

(3) 如果我找到工作的话，我请客。
　　Rúguǒ wǒ zhǎo dào gōngzuò de huà, wǒ qǐngkè.

(4) 如果我一个人住的话，想吃外卖。
　　Rúguǒ wǒ yí ge rén zhù de huà, xiǎng chī wàimài.

읽기 2 문장 구조에 주의하며 끊어 읽어보세요.   TRACK 024

(1) 听说 / 你打算 / 去中国 / 留学。

(2) 真希望 / 能通过 / 面试, / 快点儿 / 去中国。

(3) 如果 / 你去中国的话, / 想去哪儿 / 玩儿?

쓰기 1 다음 빈칸에 들어갈 중국어와 한어병음을 써 보세요.

	중국어	한어병음

(1) 我 _____ 你会通过的。

나는 당신이 통과될 거라고 생각한다.   _____   _____

(2) 我 _____ 明年去迪斯尼乐园。

나는 내년에 디즈니랜드에 갈 계획이다.   _____   _____

(3) 累死了, 晚上想吃 _____ 。

너무 피곤해서 저녁에 배달 음식을 먹고 싶다.   _____   _____

쓰기 2 다음 어휘를 어순에 맞게 배열하여 문장을 완성하세요.

(1) 会 / 父母 / 你 / 的 / 相信

→ _____

(2) 通过 / 希望 / 能 / 真 / 面试

→ _____

(3) 想做 / 如果 / 你有 / 最 / 的话 / 什么 / 很多钱

→ _____

말하기 🔊 그림을 보고 괄호 안의 표현을 참고하여 대화를 완성하세요.　　　　　　**TRACK 025**

(1)

男　你买不买这名牌运动鞋?
　　　Nǐ mǎi bu mǎi zhè míngpái yùndòngxié?

女　＿＿＿＿＿＿＿＿＿＿＿＿＿＿, 就买两双。　如果…的话

　　　＿＿＿＿＿＿＿＿＿＿＿＿＿, jiù mǎi liǎng shuāng.

(2)

女　你要给女朋友买什么?
　　　Nǐ yào gěi nǚpéngyou mǎi shénme?

男　我要给她买花, ＿＿＿＿＿＿＿＿＿＿＿＿。　会…的

　　　Wǒ yào gěi tā mǎi huā, ＿＿＿＿＿＿＿＿＿＿＿＿.

(3)

做完了

男　妈妈, 我想吃冰淇淋。
　　　Māma, wǒ xiǎng chī bīngqílín.

女　＿＿＿＿＿＿＿＿＿＿＿＿＿, 我就给你买冰淇淋。　如果…的话

　　　＿＿＿＿＿＿＿＿＿＿＿＿＿, wǒ jiù gěi nǐ mǎi bīngqílín.

+ Plus Page 여행 표현

乘客 请给我一个毯子。
Qǐng gěi wǒ yí ge tǎnzi.
제게 담요 하나 주세요.

空中乘务员 好的，请稍等，还需要别的东西吗?
Hǎo de, qǐng shāo děng, hái xūyào bié de dōngxi ma?
알겠습니다. 잠시만 기다려주세요. 다른 것은 더 필요 없으십니까?

空中乘务员 您来点儿什么饮料?
Nín lái diǎnr shénme yǐnliào?
어떤 음료를 원하십니까?

乘客 请给我一杯橙汁。
Qǐng gěi wǒ yì bēi chéngzhī.
오렌지주스 한 잔 주세요.

WORDS

乘客 chéngkè 명 승객
稍 shāo 부 잠시, 잠깐
别的 bié de 대 다른 것

空中乘务员 kōngzhōng chéngwùyuán 스튜어디스
还 hái 부 또, 더
来 lái 동 (동작을) 하다

毯子 tǎnzi 명 담요
需要 xūyào 동 필요하다
橙汁 chéngzhī 명 오렌지주스

+PLUS

枕头 zhěntou 명 베개
登机牌 dēngjīpái 명 탑승권

免税品 miǎnshuìpǐn 명 면세품
行李票 xínglipiào 수하물 꼬리표

安全带 ānquándài 명 안전벨트

03

*

나는 지금까지 중국에 가본 적이 없어요.

我从来没去过中国。
Wǒ cónglái méi qù guo Zhōngguó.

✳ **주요 표현**

- 나는 지금까지 중국에 가본 적이 없어요.
- 나는 당신이 중국에서 생활한 줄 알았어요.

✳ **핵심 어법**

- 부사 从来
- 동사 以为

✳ 회화의 토대는 **어법**

Ⓐ 哇，你汉语说得这么好! 와, 너 중국어 진짜 잘한다!
Wā, nǐ Hànyǔ shuō de zhème hǎo!

Ⓑ 多谢夸奖。 칭찬 고마워.
Duō xiè kuājiǎng.

Ⓐ 你在中国生活过吗?
Nǐ zài Zhōngguó shēnghuó guo ma?
너는 중국에서 생활한 적 있어?

Ⓑ 我从来没去过中国。 나는 지금까지 중국에 가본 적이 없어.
Wǒ cónglái méi qù guo Zhōngguó.

从来는 '지금까지', '여태껏'의 의미로 '과거부터 지금까지 쭉~'이라는 시간을 나타낼 때 쓰이는 부사예요. 일반적으로 뒤에 不 혹은 没…过 의 부정 형식이 함께 쓰여 경험하지 못한 것을 말하고자 할 때 쓰여요. 예를 들면 우리말의 '그는 여태껏 운전을 해본 적이 없다.'와 같은 표현 을 말할 때 쓰일 수 있어요.

✳ Tip
이합사는 동태조사의 위치를 주의하세요.

WORDS

哇 wā 감탄 와[의외로 깜짝 놀람을
나타낼 때 쓰임]
夸奖 kuājiǎng 동 칭찬하다
从来 cónglái 부 지금까지, 여태껏
比赛 bǐsài 명 시합
抽烟 chōuyān 동 흡연하다
刷碗 shuāwǎn 동 설거지하다

✳ 교체 연습 _____ TRACK 028

주어 + **从来没** + 동사 + **过** + 목적어 。

我	从来没	去	过	中国
他	从来没	参加	过	比赛
我	从来没	抽	过	烟
我爸爸	从来没	刷	过	碗

A 你平时怎么学习汉语? 너 평소에 어떻게 중국어 공부해?
Nǐ píngshí zěnme xuéxí Hànyǔ?

B 我有中国女朋友。 나는 중국인 여자친구가 있어.
Wǒ yǒu Zhōngguó nǚpéngyou.

A 原来这样啊, 我以为你在中国生活过。
Yuánlái zhèyàng a, wǒ yǐwéi nǐ zài Zhōngguó shēnghuó guo.
알고 보니 그렇구나. 나는 네가 중국에서 생활한 줄 알았어.

B 还没去过, 我打算明年去。 아직 안 가봤어, 나는 내년에 가보려고 해.
Hái méi qù guo, wǒ dǎsuàn míngnián qù.

우리말의 '나는 오늘 비가 올 줄 알았어.'(결과적으로 비가 안 옴) 혹은 '네가 선생님에게 말한 것이라 생각했어.'(사실은 다른 사람이 말한 것임)와 같이 주관적으로 추측한 사실이 잘못된 것을 알게 되었을 때 '여기다', '알다' 의미의 以为를 써요.

WORDS

原来 yuánlái 부 알고보니
以为 yǐwéi 통 여기다, 알다
举行 jǔxíng 통 거행하다
婚礼 hūnlǐ 명 결혼식
商量 shāngliang 통 상의하다

＊ 교체 연습 _____ TRACK 030

주어 + 以为 + 결과적으로 오해한 내용 。

我	以为	你在中国生活过
我	以为	孩子带雨伞了
我	以为	他们已经举行婚礼了
我	以为	你已经跟父母商量好了

A 哇，你汉语说得这么好！
　Wā, nǐ Hànyǔ shuō de zhème hǎo!

B 多谢夸奖。
　Duō xiè kuājiǎng.

A 你在中国生活过吗？
　Nǐ zài Zhōngguó shēnghuó guo ma?

B 我从来没去过中国。
　Wǒ cónglái méi qù guo Zhōngguó.

A 你平时怎么学习汉语？
　Nǐ píngshí zěnme xuéxí Hànyǔ?

B 我有中国女朋友。
　Wǒ yǒu Zhōngguó nǚpéngyou.

A 原来这样啊，我以为你在中国生活过。
　Yuánlái zhèyàng a, wǒ yǐwéi nǐ zài Zhōngguó shēnghuó guo.

B 还没去过，我打算明年去。
　Hái méi qù guo, wǒ dǎsuàn míngnián qù.

해석
A 와, 너 중국어 진짜 잘한다!
B 칭찬 고마워.
A 너는 중국에서 생활한 적 있어?
B 나는 지금까지 중국에 가본 적이 없어.
A 너 평소에 어떻게 중국어 공부해?
B 나는 중국인 여자친구가 있어.
A 알고 보니 그렇구나. 나는 네가 중국에서 생활한 줄 알았어.
B 아직 안 가봤어, 나는 내년에 가보려고 해.

你周末来我家吃饭吧。
Nǐ zhōumò lái wǒ jiā chīfàn ba.

好，你打算做什么菜？
Hǎo, nǐ dǎsuàn zuò shénme cài?

我 ＿＿＿＿＿ 做 ＿＿＿＿ 饭，我妈妈会给我们做很多菜的。
Wǒ ＿＿＿＿＿ zuò ＿＿＿＿ fàn, wǒ māma huì gěi wǒmen zuò hěn duō cài de.

我 ＿＿＿＿＿ 你给我做菜呢。
Wǒ ＿＿＿＿＿ nǐ gěi wǒ zuò cài ne.

연습은 실전같이!

 듣기 1

녹음을 듣고 사진과 일치하면 〇, 일치하지 않으면 X를 표시하세요.

 TRACK 034

(1)

(2)

(3)

 듣기 2

녹음을 듣고 질문에 알맞은 답을 고르세요.

TRACK 035

(1) 男的没做过什么?

  Ⓐ 骑自行车   Ⓑ 去公园   Ⓒ 在公园骑自行车

(2) 今天星期几?

  Ⓐ 星期四   Ⓑ 星期五   Ⓒ 星期六

읽기 1

주요 표현의 쓰임새에 주의하며 문장을 소리 내어 읽어보세요.

TRACK 036

(1) 他从来没参加过比赛。
  Tā cónglái méi cānjiā guo bǐsài.

(2) 我爸爸从来没刷过碗。
  Wǒ bàba cónglái méi shuā guo wǎn.

(3) 我以为他们已经举行婚礼了。
  Wǒ yǐwéi tāmen yǐjīng jǔxíng hūnlǐ le.

(4) 我以为你已经跟父母商量好了。
  Wǒ yǐwéi nǐ yǐjīng gēn fùmǔ shāngliang hǎo le.

읽기 2　문장 구조에 주의하며 끊어 읽어보세요.　　　　　TRACK 037

(1) 你汉语 / 说得 / 这么好!

(2) 你平时 / 怎么学习 / 汉语?

(3) 还没 / 去过, / 我打算 / 明年去。

쓰기 1　다음 빈칸에 들어갈 중국어와 한어병음을 써 보세요.

　　　　　　　　　　　　　　　　　　중국어　　　　　한어병음

(1) 我不喜欢 ▨▨▨▨ 的男人。

　　나는 흡연하는 남자가 싫다.

　　_____　_____

(2) ▨▨▨▨ 是你爸爸做菜。

　　알고 보니 너의 아빠가 요리를 했구나.

　　_____　_____

(3) 周末我有足球 ▨▨▨▨ 。

　　주말에 나는 축구 시합이 있다.

　　_____　_____

쓰기 2　다음 어휘를 어순에 맞게 배열하여 문장을 완성하세요.

(1) 船 / 从来 / 坐过 / 我 / 没

　→ _____

(2) 以为 / 我 / 今天 / 下雨 / 会

　→ _____

(3) 过 / 生活 / 在中国 / 我以为 / 你

　→ _____

✳ 연습은 실전같이!

말하기 🔊 그림을 보고 괄호 안의 표현을 참고하여 대화를 완성하세요.   **TRACK 038**

(1)

男 你怎么在这儿，_____ 。 以为

    Nǐ zěnme zài zhèr, _____ .

女 我的工作没做完。

    Wǒ de gōngzuò méi zuò wán.

(2)

女 妈妈，我那件红衣服在哪儿？

    Māma, wǒ nà jiàn hóng yīfu zài nǎr?

女 我洗了，_____ 。 以为

    Wǒ xǐ le, _____ .

(3)

男 你这周末打算做什么？

    Nǐ zhè zhōumò dǎsuàn zuò shénme?

女 _____ ，打算跟朋友一起去。 从来没…过

    _____ , dǎsuàn gēn péngyou yìqǐ qù.

+ Plus Page 여행 표현

职员 **行李里有易碎物品吗?**
Xíngli li yǒu yìsuì wùpǐn ma?
캐리어 안에 깨지기 쉬운 물건이 있습니까?

乘客 **有，请帮我贴上易碎标签。**
Yǒu, qǐng bāng wǒ tiē shang yìsuì biāoqiān.
있어요. 취급주의 스티커를 붙여주세요.

乘客 **在哪儿办理退税?**
Zài nǎr bànlǐ tuìshuì?
어디에서 세금을 환급 받나요?

职员 **那边有退税机，可以拿着退税单自行办理。**
Nàbiān yǒu tuìshuìjī, kěyǐ ná zhe tuìshuìdān zìxíng bànlǐ.
저쪽에 세금 환급기가 있어요. 세금 환급 영수증 지참 시 자동 처리 가능하세요.

WORDS

易碎物品 yìsuì wùpǐn 깨지기 쉬운 물건 　 贴 tiē 图 붙이다 　 标签 biāoqiān 명 라벨, 꼬리표 　 办理 bànlǐ 图 처리하다
退税 tuìshuì 图 세금을 돌려 주다 　 那边 nàbiān 데 그쪽, 저쪽 　 退税机 tuìshuìjī 세금 환급기 　 拿 ná 图 (손에) 쥐다, 들다
退税单 tuìshuìdān 세금 환급 영수증 　 自行 zìxíng 분 스스로

+PLUS
托运 tuōyùn 图 운송을 위탁하다 　 超重 chāozhòng 图 무게를 초과하다

*

나는
작년에
결혼했어요.

원어민MP3 듣기

我是去年结的。
Wǒ shì qùnián jié de.

✳ **주요 표현**

- 나는 작년에 결혼했어요.
- 처음에는 전혀 그를 좋아하지 않았어요.

✳ **핵심 어법**

- 강조 구문 是…的
- 一点儿也/都 + 不/没

✳ 회화의 토대는 어법

A 你是什么时候结婚的? 너는 언제 결혼했어?

Nǐ shì shénme shíhou jiéhūn de?

B 我是去年结的。 나는 작년에 결혼했어.

Wǒ shì qùnián jié de.

A 你和你老公是怎么认识的? 서로 어떻게 알게 된 거야?

Nǐ hé nǐ lǎogōng shì zěnme rènshi de?

B 是朋友介绍的。 친구가 소개해줬어.

Shì péngyou jièshào de.

이미 일어난 시간, 장소, 방식, 목적 등을 강조해서 말하고자 할 때 是…的 구문을 사용해요. 이때 인칭대명사를 제외한 목적어는 的 앞뒤에 올 수 있어요. 일반적으로 동사 是를 자주 생략하지만, 부정부사나 다른 부사가 함께 쓰이면 是를 생략할 수 없어요.

WORDS

结 jié 통 맺다, 결합하다
老公 lǎogōng 명 남편
介绍 jièshào 통 소개하다
蛋糕 dàngāo 명 케이크

✳ 교체 연습　　　　　　　　　　　　TRACK 041

주어 (+ 是) + 강조 하려는 내용　+ 的 。
시간/장소/방식/목적

我	是	去年结婚	的
我	是	在图书馆学习	的
我	是	骑自行车去超市	的
我	是	跟妈妈一起做蛋糕	的

Ⓐ 他是你喜欢的类型吗? 그는 너의 이상형이야?
Tā shì nǐ xǐhuan de lèixíng ma?

Ⓑ 刚开始一点儿也不喜欢他, 처음에는 전혀 그를 좋아하지 않았어.
Gāng kāishǐ yìdiǎnr yě bù xǐhuan tā,

后来发现他真的很好。 나중에서야 그가 정말 좋은 사람이란 걸 알게 되었지.
hòulái fāxiàn tā zhēn de hěn hǎo.

Ⓐ 哈哈，祝你们幸福。 하하, 너희들이 행복하길 바랄게.
Hā hā, zhù nǐmen xìngfú.

一点儿也/都＋不/没…는 '조금도 ~하지 않다'라는 의미로, 우리말의 '전혀 피곤하지 않아'와 같이 不/没 뒤에 오는 상황에 대해 양적으로 '조금도, 전혀' 정도를 나타내면서 부정을 강조할 수 있어요.

WORDS

类型 lèixíng 몡 유형
刚 gāng 튀 방금
后来 hòulái 튀 그 후
发现 fāxiàn 동 발견하다, 알게 되다
离开 líkāi 동 떠나다
病 bìng 몡 병
严重 yánzhòng 혱 심각하다
舒服 shūfu 혱 편안하다

＊ **교체 연습** _____ TRACK **043**

주어 ＋ 一点儿也/都 ＋ 不/没 ＋ 상황 。

我	一点儿也	不	喜欢他
我	一点儿也	没	想离开
他的病	一点儿都	不	严重
这双鞋	一点儿都	不	舒服

A 你是什么时候结婚的？
Nǐ shì shénme shíhou jiéhūn de?

B 我是去年结的。
Wǒ shì qùnián jié de.

A 你和你老公是怎么认识的？
Nǐ hé nǐ lǎogōng shì zěnme rènshi de?

B 是朋友介绍的。
Shì péngyou jièshào de.

A 他是你喜欢的类型吗？
Tā shì nǐ xǐhuan de lèixíng ma?

B 刚开始一点儿也不喜欢他，后来发现他真的很好。
Gāng kāishǐ yìdiǎnr yě bù xǐhuan tā, hòulái fāxiàn tā zhēn de hěn hǎo.

A 哈哈，祝你们幸福。
Hā hā, zhù nǐmen xìngfú.

해석

A 너는 언제 결혼했어?

B 나는 작년에 결혼했어.

A 서로 어떻게 알게 된 거야?

B 친구가 소개해줬어.

A 그는 너의 이상형이야?

B 처음에는 전혀 그를 좋아하지 않았어. 나중에서야 그가 정말 좋은 사람이란 걸 알게 되었지.

A 하하, 너희들이 행복하길 바랄게.

 我们去这家饭店吃午饭怎么样?
Wǒmen qù zhè jiā fàndiàn chī wǔfàn zěnmeyàng?

这家饭店 _____ 好吃。
Zhè jiā fàndiàn _____ hǎochī.

 你怎么知道?去过吗?
Nǐ zěnme zhīdào? Qù guo ma?

去过,我 _____ 上周去 _____ 。
Qù guo, wǒ _____ shàngzhōu qù _____ .

WORDS

家 jiā 양 가게를 세는 단위　　　　午饭 wǔfàn 명 점심밥

✳ 연습은 실전같이!

듣기 1 녹음을 듣고 사진과 일치하면 ◯, 일치하지 않으면 X를 표시하세요. 　　　　　**TRACK 047**

(1)

(2)

(3)

듣기 2 녹음을 듣고 질문에 알맞은 답을 고르세요.　　　　　**TRACK 048**

(1) 女的买什么了?

　　Ⓐ 手表　　　　　　Ⓑ 手机　　　　　　Ⓒ 电脑

(2) 手表贵吗?

　　Ⓐ 不知道　　　　　Ⓑ 不贵　　　　　　Ⓒ 很贵

읽기 1 주요 표현의 쓰임새에 주의하며 문장을 소리 내어 읽어보세요.　　　　　**TRACK 049**

(1) 我是骑自行车去超市的。
Wǒ shì qí zìxíngchē qù chāoshì de.

(2) 我是跟妈妈一起做蛋糕的。
Wǒ shì gēn māma yìqǐ zuò dàngāo de.

(3) 他的病一点儿都不严重。
Tā de bìng yìdiǎnr dōu bù yánzhòng.

(4) 这双鞋一点儿都不舒服。
Zhè shuāng xié yìdiǎnr dōu bù shūfu.

읽기 2 문장 구조에 주의하며 끊어 읽어보세요.　　　　TRACK **050**

(1) 后来发现 / 他真的 / 很好。

(2) 刚开始 / 一点儿也 / 不喜欢他。

(3) 你和 / 你老公 / 是怎么 / 认识的?

쓰기 1 다음 빈칸에 들어갈 중국어와 한어병음을 써 보세요.

(1) 他已经 _____ 韩国了。

　그는 이미 한국을 떠났다.

(2) 我 _____ 他是我喜欢的类型。

　그는 내가 좋아하는 스타일이라는 것을 발견했다.

(3) 我的感冒很 _____, 不想出去。

　나는 감기가 심해서, 나가고 싶지 않다.

중국어　　　　　한어병음

쓰기 2 다음 어휘를 어순에 맞게 배열하여 문장을 완성하세요.

(1) 什么时候 / 的 / 是 / 出国 / 你们

　→ _____

(2) 跟朋友 / 一起 / 我 / 看电影的 / 是

　→ _____

(3) 不 / 我 / 这件衣服 / 喜欢 / 一点儿也

　→ _____

연습은 **실전같이!**

말하기 그림을 보고 괄호 안의 표현을 참고하여 대화를 완성하세요.　　　　TRACK 051

(1)

女　你怎么不吃这个菜?

　　Nǐ zěnme bù chī zhè ge cài?

男　_____ 。 一点儿也

　　_____ .

(2)

男　这个蛋糕是你买的吗? 真漂亮!

　　Zhè ge dàngāo shì nǐ mǎi de ma? Zhēn piàoliang!

女　不，这 _____ 。 是…的

　　Bù, zhè _____ .

(3)

女　你感冒了，不能去玩儿。

　　Nǐ gǎnmào le, bù néng qù wánr.

男　没问题，_____ 。 一点儿都

　　Méi wèntí, _____ .

+ Plus Page 여행 표현

乘客 **这个公交车去天安门吗?**
Zhè ge gōngjiāochē qù Tiān'ānmén ma?

이 버스는 천안문에 가나요?

司机 **方向反了，到对面坐车。**
Fāngxiàng fǎn le, dào duìmiàn zuò chē.

반대 방향이에요. 맞은편에서 타세요.

乘客 **师傅，请去这个地方，到那儿得多长时间?**
Shīfu, qǐng qù zhè ge dìfang, dào nàr děi duō cháng shíjiān?

기사님, 이 장소에 가주세요. 그곳까지 얼마나 걸리나요?

司机 **现在有点儿堵车，至少得半个小时。**
Xiànzài yǒudiǎnr dǔchē, zhìshǎo děi bàn ge xiǎoshí.

지금 약간 차가 막혀서, 최소한 30분은 걸려요.

WORDS

方向 fāngxiàng 명 방향
师傅 shīfu 명 그 일에 숙달된 사람
至少 zhìshǎo 부 최소한, 적어도

反 fǎn 형 반대되는
地方 dìfang 명 장소, 곳

对面 duìmiàn 명 반대편
堵车 dǔchē 동 (차가) 막히다

+PLUS

地图 dìtú 명 지도
交通卡 jiāotōngkǎ 명 교통카드

单程 dānchéng 명 편도
投币 tóu bì 동전을 넣다

往返 wǎngfǎn 명 왕복
后备箱 hòubèixiāng (자동차) 트렁크

05

*

사진 찍는 것이 재미있기는 한데, 장비가 너무 비싸요.

원어민MP3 듣기

虽然摄影很有意思，
Suīrán shèyǐng hěn yǒu yìsi,

但是器材太贵了。
dànshì qìcái tài guì le.

✳ **주요 표현**

• 사진 찍는 것이 재미있기는 한데, 장비가 너무
  비싸요.
• 그럼 당신은 집에서 잠이나 자는 것이 낫겠어요.

✳ **핵심 어법**

• 접속사 虽然…, 但是…
• 부사 还是

✳ 회화의 토대는 어법

TRACK 053

A 你业余时间做什么? 너는 여가 시간에 주로 무엇을 해?
Nǐ yèyú shíjiān zuò shénme?

B 最近我在学摄影。 나는 요즘 사진 찍는 거 배워.
Zuìjìn wǒ zài xué shèyǐng.

A 摄影怎么样? 有意思吗? 사진 찍는 거 어때? 재미있어?
Shèyǐng zěnmeyàng? Yǒu yìsi ma?

B 虽然摄影很有意思, 但是器材太贵了。
Suīrán shèyǐng hěn yǒu yìsi, dànshì qìcái tài guì le.
사진 찍는 것이 재미있기는 한데, 장비가 너무 비싸.

'비록 ~일지라도, 하지만 ~이다'의 접속사 虽然…, 但是…는 어떤 사건이나 사실이 존재하거나 발생할지라도 그것과는 관계없는 행위나 상황이 발생할 수 있는 전환을 표현할 때 사용해요. 예를 들면 우리말의 '비록 바쁘지만, 나는 매주 등산을 하러 간다.'와 같은 표현이에요. 虽然은 주어 앞뒤에 올 수 있어요.

WORDS

业余 yèyú 형 여가의
最近 zuìjìn 명 요즘, 최근
摄影 shèyǐng 명동 촬영(하다)
虽然 suīrán 접 비록 ~일지라도
但是 dànshì 접 그러나, 그런데
器材 qìcái 명 기자재, 기구
阳光 yángguāng 명 햇빛
得 dé 동 획득하다, 얻다
名 míng 명 등수
骄傲 jiāo'ào 형 거만하다

✳ 교체 연습　　　　TRACK 054

虽然 + 존재/발생하는 상황, + 但是 + 앞의 상황과 무관한 상황 。

虽然	摄影很有意思,	但是	器材太贵了
虽然	阳光很好,	但是	风有点儿大
虽然	这件衣服很漂亮,	但是	不适合我
虽然	他得了第一名,	但是	一点儿也不骄傲

A 我最近觉得太无聊了。 나는 요즘 너무 심심해.
Wǒ zuìjìn juéde tài wúliáo le.

B 你也跟我一起去学摄影吧。 너도 나랑 같이 사진 찍는 거 배우자.
Nǐ yě gēn wǒ yìqǐ qù xué shèyǐng ba.

A 我一点儿也不想动。 나는 전혀 움직이고 싶지 않아.
Wǒ yìdiǎnr yě bù xiǎng dòng.

B 那你还是在家睡觉吧。
Nà nǐ háishi zài jiā shuìjiào ba.
그럼 너는 집에서 잠이나 자는 것이 낫겠어.

여러 대안 중 비교를 거쳐 여러 가지 방안을 생각해보고 가장 나은 방법을 제시하거나 권할 때에는 '~하는 것이 더 낫다'는 의미의 부사 还是를 써요. 예를 들면 우리말의 '(몸이 안 좋으니) 아무래도 내일 가자.'와 같은 표현을 나타내요.

WORDS

无聊 wúliáo 형 무료하다, 지루하다
动 dòng 동 움직이다
还是 háishi 부 ~하는 편이 더 낫다
继续 jìxù 동 계속하다
讨论 tǎolùn 동 토론하다

✳ 교체 연습   TRACK 056

처한 상황,	+ 주어	+ 还是 +	최선의 방법	+ 吧。
一点儿也不想动,	那你	还是	在家睡觉	吧
感冒了,	你	还是	去医院	吧
现在堵车,	我们	还是	一会儿出发	吧
太晚了,	我们	还是	明天继续讨论	吧

A 你业余时间做什么?
Nǐ yèyú shíjiān zuò shénme?

B 最近我在学摄影。
Zuìjìn wǒ zài xué shèyǐng.

A 摄影怎么样? 有意思吗?
Shèyǐng zěnmeyàng? Yǒu yìsi ma?

B 虽然摄影很有意思，但是器材太贵了。
Suīrán shèyǐng hěn yǒu yìsi, dànshì qìcái tài guì le.

A 我最近觉得太无聊了。
Wǒ zuìjìn juéde tài wúliáo le.

B 你也跟我一起去学摄影吧。
Nǐ yě gēn wǒ yìqǐ qù xué shèyǐng ba.

A 我一点儿也不想动。
Wǒ yìdiǎnr yě bù xiǎng dòng.

B 那你还是在家睡觉吧。
Nà nǐ háishi zài jiā shuìjiào ba.

해석

A 너는 여가 시간에 주로 무엇을 해?

B 나는 요즘 사진 찍는 거 배워.

A 사진 찍는 거 어때? 재미있어?

B 사진 찍는 것이 재미있기는 한데, 장비가 너무 비싸.

A 나는 요즘 너무 심심해.

B 너도 나랑 같이 사진 찍는 거 배우자.

A 나는 전혀 움직이고 싶지 않아.

B 그럼 너는 집에서 잠이나 자는 것이 낫겠어.

他是谁？长得太帅了!
Tā shì shéi? Zhǎng de tài shuài le!

他 _____ 很帅，_____ 特别喜欢抽烟、喝酒。
Tā _____ hěn shuài, _____ tèbié xǐhuan chōuyān、hē jiǔ.

他是我喜欢的类型，你 _____ 介绍给我吧。
Tā shì wǒ xǐhuan de lèixíng, nǐ _____ jièshào gěi wǒ ba.

好吧，我帮你介绍吧。
Hǎo ba, wǒ bāng nǐ jièshào ba.

연습은 **실전같이!**

듣기 **1** 녹음을 듣고 사진과 일치하면 ○, 일치하지 않으면 X를 표시하세요. **TRACK 060**

(1)  (2)  (3)

듣기 **2** 녹음을 듣고 질문에 알맞은 답을 고르세요. **TRACK 061**

(1) 女的为什么不去吃饭?

 Ⓐ 没有时间   Ⓑ 不想吃饭   Ⓒ 不想出去

(2) 女的想喝什么?

 Ⓐ 酒   Ⓑ 茶   Ⓒ 咖啡

읽기 **1** 주요 표현의 쓰임새에 주의하며 문장을 소리 내어 읽어보세요. **TRACK 062**

(1) 虽然这件衣服很漂亮，但是不适合我。
 Suīrán zhè jiàn yīfu hěn piàoliang, dànshì bú shìhé wǒ.

(2) 虽然他得了第一名，但是一点儿也不骄傲。
 Suīrán tā dé le dì yī míng, dànshì yìdiǎnr yě bù jiāo'ào.

(3) 感冒了，你还是去医院吧。
 Gǎnmào le, nǐ háishi qù yīyuàn ba.

(4) 太晚了，我们还是明天继续讨论吧。
 Tài wǎn le, wǒmen háishi míngtiān jìxù tǎolùn ba.

문장 구조에 주의하며 끊어 읽어보세요.　　　　　　　　　　**TRACK 063**

(1) 我最近 / 觉得 / 太无聊了。

(2) 那你 / 还是 / 在家睡觉吧。

(3) 你也 / 跟我一起 / 去学 / 摄影吧。

쓰기 1 다음 빈칸에 들어갈 중국어와 한어병음을 써 보세요.

(1) 我用 ⬚⬚⬚ 时间学跳舞。

　　나는 여가시간을 이용해 춤을 배운다.

중국어 _____ 한어병음 _____

(2) 现在堵车很厉害，太 ⬚⬚⬚ 了。

　　지금 차가 많이 막혀서, 너무 지루하다.

_____ _____

(3) ⬚⬚⬚ 太好了，我们出去吧。

　　햇빛이 너무 좋으니, 우리 나가자.

_____ _____

쓰기 2 다음 어휘를 어순에 맞게 배열하여 문장을 완성하세요.

(1) 来吧 / 还是 / 再 / 明天 / 我们

→ _____

(2) 没有钱 / 很想 / 但是 / 虽然 / 买

→ _____

(3) 不适合 / 衣服 / 我 / 吧 / 这件 / 不买 / 还是

→ _____

✳ 연습은 실전같이!

🔊 말하기 그림을 보고 괄호 안의 표현을 참고하여 대화를 완성하세요.   **TRACK 064**

(1)

男 我感冒了，不舒服。
　　Wǒ gǎnmào le, bù shūfu.

男 你 ＿＿＿＿＿＿＿＿＿＿＿＿＿＿＿＿ 。 还是

　　Nǐ ＿＿＿＿＿＿＿＿＿＿＿＿＿＿＿ .

(2)

男 爸爸不吃早饭吗？
　　Bàba bù chī zǎofàn ma?

女 你爸爸还没起床，＿＿＿＿＿＿＿＿＿＿＿ 。 还是

　　Nǐ bàba hái méi qǐchuáng, ＿＿＿＿＿＿＿＿＿ .

(3)

男 天气这么好，我们出去吧。
　　Tiānqì zhème hǎo, wǒmen chūqù ba.

女 ＿＿＿＿＿ 阳光很好，＿＿＿＿＿＿＿＿＿＿＿ 。 虽然…, 但是…

　　＿＿＿＿＿ yángguāng hěn hǎo, ＿＿＿＿＿＿＿＿ .

+ Plus Page 여행 표현

游客 **售票处在哪儿?**
Shòupiàochù zài nǎr?
매표소가 어디에 있나요?

路人 **在那个白色大楼里。**
Zài nà ge báisè dàlóu li.
저 흰색 건물 안에요.

游客 **王府井怎么走?**
Wángfǔjǐng zěnme zǒu?
왕푸징에 어떻게 가나요?

路人 **先坐4号线到西单，然后换1号线到王府井站下车。**
Xiān zuò sì hàoxiàn dào Xīdān, ránhòu huàn yī hàoxiàn dào Wángfǔjǐng zhàn xià chē.
먼저 4호선을 타고 시단에 가서, 1호선으로 갈아타고 왕푸징역에서 내리면 돼요.

WORDS

游客 yóukè 명 여행객　　路人 lùrén 명 행인　　售票处 shòupiàochù 명 매표소　　大楼 dàlóu 명 빌딩, 고층건물
王府井 Wángfǔjǐng 고유 왕푸징　　先 xiān 부 먼저　　号线 hàoxiàn (지하철) 호선　　下车 xià chē 동 차에서 내리다

+PLUS
站台 zhàntái 명 플랫폼　　候车厅 hòuchētīng 명 대기실　　检票口 jiǎnpiàokǒu 명 개찰구
出站口 chūzhànkǒu 명 출구　　地铁路线图 dìtiě lùxiàn tú 지하철 노선표

✴ A跟B一样/差不多 A는 B와 같다(비교)

那儿的天气跟首尔一样吗? 그곳의 날씨는 서울과 같아요?
Nàr de tiānqì gēn Shǒu'ěr yíyàng ma?

✴ 从A到B A부터 B까지

从一月初到二月末都可以去看。 1월 초부터 2월 말까지 가면 볼 수 있어요.
Cóng yī yuè chū dào èr yuè mò dōu kěyǐ qù kàn.

• 대화 속 빈칸을 채우세요.

A 你几点做运动?
　　Nǐ jǐ diǎn zuò yùndòng?

B 我 _____ 八点 _____ 九点半运动，你呢?
　　Wǒ _____ bā diǎn _____ jiǔ diǎn bàn yùndòng, nǐ ne?

A 我 _____ 你 _____ ，每天下班后来。
　　Wǒ _____ nǐ _____ , měitiān xiàbān hòu lái.

B 想要健康真不容易。
　　Xiǎng yào jiànkāng zhēn bù róngyì.

✴ 会…的 ~할 것이다(추측)

我觉得会通过的。 내 느낌에 통과할 것 같아요.
Wǒ juéde huì tōngguò de.

✴ 如果…的话 만약 ~한다면(가정)

如果你去中国的话，想去哪儿玩儿? 당신은 만약 중국에 간다면, 어디에 놀러 가고 싶어요?
Rúguǒ nǐ qù Zhōngguó de huà, xiǎng qù nǎr wánr?

• 대화 속 빈칸을 채우세요.

A 我想去迪斯尼乐园，但是美国太远了。
　　Wǒ xiǎng qù Dísīní lèyuán, dànshì Měiguó tài yuǎn le.

B _____ 你想去迪斯尼 _____ ，就去上海吧。
　　_____ nǐ xiǎng qù Dísīní _____ , jiù qù Shànghǎi ba.

A 好啊，如果我去的话，我 _____ 给你买礼物 _____ 。
　　Hǎo a, rúguǒ wǒ qù de huà, wǒ _____ gěi nǐ mǎi lǐwù _____ .

B 太好了，我喜欢有米老鼠的T恤。
　　Tài hǎo le, wǒ xǐhuan yǒu Mǐlǎoshǔ de T xù.

✳ **从来没…过** 지금까지 ~한 적 없다

我**从来没**去**过**中国。 나는 지금까지 중국에 가본 적이 없어요.
Wǒ cónglái méi qù guo Zhōngguó.

✳ **以为** 여기다, 알다

我**以为**你在中国生活过。 나는 당신이 중국에서 생활한 줄 알았어요.
Wǒ yǐwéi nǐ zài Zhōngguó shēnghuó guo.

• 대화 속 빈칸을 채우세요.

A 你周末来我家吃饭吧。
　Nǐ zhōumò lái wǒ jiā chīfàn ba.

B 好，你打算做什么菜?
　Hǎo, nǐ dǎsuàn zuò shénme cài?

A 我 ＿＿＿＿ 做 ＿＿＿＿ 饭，我妈妈会给我们做很多菜的。
　Wǒ ＿＿＿＿ zuò ＿＿＿＿ fàn, wǒ māma huì gěi wǒmen zuò hěn duō cài de.

B 我 ＿＿＿＿ 你给我做菜呢。
　Wǒ ＿＿＿＿ nǐ gěi wǒ zuò cài ne.

✳ **是…的** 이미 일어난 시간, 장소 등을 강조

我**是**去年结**的**。 나는 작년에 결혼했어요.
Wǒ shì qùnián jié de.

✳ **一点儿也/都 + 不/没…** 조금도 ~하지 않다

刚开始**一点儿也不**喜欢他。 처음에는 전혀 그를 좋아하지 않았어.
Gāng kāishǐ yìdiǎnr yě bù xǐhuan tā.

• 대화 속 빈칸을 채우세요.

A 我们去这家饭店吃午饭怎么样?
　Wǒmen qù zhè jiā fàndiàn chī wǔfàn zěnmeyàng?

B 这家饭店 ＿＿＿＿ 好吃。
　Zhè jiā fàndiàn ＿＿＿＿ hǎochī.

A 你怎么知道? 去过吗?
　Nǐ zěnme zhīdào? Qù guo ma?

B 去过，我 ＿＿＿＿ 上周去 ＿＿＿＿ 。
　Qù guo, wǒ ＿＿＿＿ shàngzhōu qù ＿＿＿＿ .

✳ 虽然···，但是 비록 ~일지라도, 하지만 ~이다

虽然摄影很有意思，但是器材太贵了。

Suīrán shèyǐng hěn yǒu yìsi, dànshì qìcái tài guì le.

사진 찍는 것이 재미있기는 한데, 장비가 너무 비싸요.

✳ 부사 还是 ~하는 것이 더 낫다

那你还是在家睡觉吧。 그럼 당신은 집에서 잠이나 자는 것이 낫겠어요.

Nà nǐ háishi zài jiā shuìjiào ba.

• 대화 속 빈칸을 채우세요.

A 他是谁？长得太帅了！

   Tā shì shéi? Zhǎng de tài shuài le!

B 他 _____ 很帅，_____ 特别喜欢抽烟、喝酒。

   Tā _____ hěn shuài, _____ tèbié xǐhuan chōuyān、hē jiǔ.

A 他是我喜欢的类型，你 _____ 介绍给我吧。

   Tā shì wǒ xǐhuan de lèixíng, nǐ _____ jièshào gěi wǒ ba.

B 好吧，我帮你介绍吧。

   Hǎo ba, wǒ bāng nǐ jièshào ba.

memo

✳

치마를 보시겠어요, 아니면 바지를 보시겠어요?

你想看裙子还是裤子?
Nǐ xiǎng kàn qúnzi háishi kùzi?

✳ **주요 표현**

• 치마를 보시겠어요, 아니면 바지를
  보시겠어요?
• 한번 입어보세요.

✳ **핵심 어법**

• 접속사 还是
• 단음절 동사중첩

✳ 회화의 토대는 **어법**

Ⓐ 欢迎光临。 어서 오세요.
Huānyíng guānglín.

Ⓑ 我想买一件正装。 저는 정장 한 벌을 사려고요.
Wǒ xiǎng mǎi yí jiàn zhèngzhuāng.

Ⓐ 你想看裙子还是裤子？ 치마를 보시겠어요, 아니면 바지를 보시겠어요?
Nǐ xiǎng kàn qúnzi háishi kùzi?

Ⓑ 我不穿裙子，给我推荐一条好看的裤子吧。
Wǒ bù chuān qúnzi, gěi wǒ tuījiàn yì tiáo hǎokàn de kùzi ba.
저는 치마를 안 입어요. 예쁜 바지 하나 추천해주세요.

접속사 还是는 두 가지 상황을 앞뒤로 열거할 때 사용하며 선택의문문
을 만들어요. 예를 들면 우리말의 '너는 중식을 좋아해 아니면 한식을
좋아해?' 혹은 '그녀는 중국어를 배워 아니면 한국어를 배워?'와 같은
표현들을 나타낼 수 있어요.

WORDS

欢迎 huānyíng 동 환영하다
光临 guānglín 동 왕림하다
正装 zhèngzhuāng 명 정장
裙子 qúnzi 명 치마
还是 háishi 접 혹은, 또는
裤子 kùzi 명 바지
推荐 tuījiàn 동 추천하다
条 tiáo 양 가늘고 긴 것
上网 shàngwǎng 동 인터넷을 하다
期末考试 qīmò kǎoshì 명 기말고사
项链 xiàngliàn 명 목걸이

✳ 교체 연습 _____ TRACK 067

주어	+	A 상황1	+	还是	+	B ? 상황2
你		想看裙子		还是		裤子
你		喜欢逛街		还是		上网
期末考试		是星期四		还是		星期五
这条项链		是你买的		还是		老公买的

Ⓐ 这条怎么样? 이 옷은 어떠세요?
Zhè tiáo zěnmeyàng?

Ⓑ 颜色太暗了,给我看看那条吧。
Yánsè tài àn le, gěi wǒ kànkan nà tiáo ba.
색깔이 너무 어두워요. 저 옷을 좀 보여주세요.

Ⓐ 那条也不错,你可以试试。 저것도 예뻐요. 한번 입어보세요.
Nà tiáo yě bú cuò, nǐ kěyǐ shìshi.

Ⓑ 好啊,给我拿中号吧。 좋아요. 중간 사이즈를 주세요.
Hǎo a, gěi wǒ ná zhōnghào ba.

우리말의 '좀 봐봐.' 혹은 '한번 입어보세요.'와 같이 가벼운 시도나 부드러운 어기를 나타낼 때 혹은 짧은 시간 동안의 행위를 나타낼 때는 동사를 두 번 써서 표현해요. 단음절 동사는 AA 또는 A一A와 같은 형태로 중첩할 수 있고 이를 '동사중첩'이라고 해요.

WORDS

暗 àn 형 어둡다
试 shì 통 시도하다
中号 zhōnghào 명 중간 사이즈
首 shǒu 양 노래나 시를 세는 단위
歌 gē 명 노래
尝 cháng 통 맛보다

✳ 교체 연습 _____ TRACK 069

주어 + 동사중첩 + 목적어 。

你	试试	那条
你	听听	这首歌
我	等一等	车
你	尝一尝	我做的菜

✳ 회화를 내 것으로!

A 欢迎光临。
Huānyíng guānglín.

B 我想买一件正装。
Wǒ xiǎng mǎi yí jiàn zhèngzhuāng.

A 你想看裙子还是裤子？
Nǐ xiǎng kàn qúnzi háishi kùzi?

B 我不穿裙子，给我推荐一条好看的裤子吧。
Wǒ bù chuān qúnzi, gěi wǒ tuījiàn yì tiáo hǎokàn de kùzi ba.

A 这条怎么样？
Zhè tiáo zěnmeyàng?

B 颜色太暗了，给我看看那条吧。
Yánsè tài àn le, gěi wǒ kànkan nà tiáo ba.

A 那条也不错，你可以试试。
Nà tiáo yě bú cuò, nǐ kěyǐ shìshi.

B 好啊，给我拿中号吧。
Hǎo a, gěi wǒ ná zhōnghào ba.

해석

A 어서 오세요.

B 저는 정장 한 벌을 사려고요.

A 치마를 보시겠어요, 아니면 바지를 보시겠어요?

B 저는 치마를 안 입어요. 예쁜 바지 하나 추천해주세요.

A 이 옷은 어떠세요?

B 색깔이 너무 어두워요. 저 옷을 좀 보여주세요.

A 저것도 예뻐요. 한번 입어보세요.

B 좋아요. 중간 사이즈를 주세요.

✳ 실전같이 **말하기**

TRACK 072

我饿了，我们吃饭吧。
Wǒ è le, wǒmen chīfàn ba.

好啊，在家吃 _____ 出去吃?
Hǎo a, zài jiā chī _____ chūqù chī?

还是在家做饭吃吧。
Háishi zài jiā zuòfàn chī ba.

那我 _____ 冰箱里有什么。
Nà wǒ _____ bīngxiāng li yǒu shénme.

WORDS

冰箱 bīngxiāng 몡 냉장고

연습은 *실전같이!*

 듣기 1 녹음을 듣고 사진과 일치하면 ○, 일치하지 않으면 X를 표시하세요.

TRACK 073

(1)

(2)

(3)

 듣기 2 녹음을 듣고 질문에 알맞은 답을 고르세요.

TRACK 074

(1) 他们去哪儿?

Ⓐ 很近的饭店　　Ⓑ 很好吃的饭店　　Ⓒ 很贵的饭店

(2) 他们打算怎么去?

Ⓐ 打车　　　　Ⓑ 坐公交车　　　Ⓒ 坐地铁

읽기 1 주요 표현의 쓰임새에 주의하며 문장을 소리 내어 읽어보세요.

TRACK 075

(1) 期末考试是星期四还是星期五?
Qīmò kǎoshì shì xīngqīsì háishi xīngqīwǔ?

(2) 这条项链是你买的还是老公买的?
Zhè tiáo xiàngliàn shì nǐ mǎi de háishi lǎogōng mǎi de?

(3) 我等一等车。
Wǒ děng yi děng chē.

(4) 你尝一尝我做的菜。
Nǐ cháng yi cháng wǒ zuò de cài.

읽기 2

문장 구조에 주의하며 끊어 읽어보세요.　　　　　　　　　TRACK 076

(1) 我想买 / 一件 / 正装。

(2) 那条也 / 不错，/ 你可以 / 试试。

(3) 给我 / 推荐 / 一条好看的 / 裤子吧。

쓰기 1

다음 빈칸에 들어갈 중국어와 한어병음을 써 보세요.

　　　　　　　　　　　　　　　　　　　중국어　　　　　　한어병음

(1) 我喜欢逛街买 [　　] 。

나는 쇼핑하면서 치마 사는 것을 좋아한다.　　_____　_____

(2) 爸爸给我买了一件 [　　] 。

아빠가 나에게 정장 한 벌을 사주셨다.　　_____　_____

(3) 给我 [　　] 一条好看的项链吧。

저에게 예쁜 목걸이를 추천해주세요.　　_____　_____

쓰기 2

다음 어휘를 어순에 맞게 배열하여 문장을 완성하세요.

(1) 项链 / 想买 / 你 / 手表 / 还是

→ _____

(2) 看 / 一 / 电影 / 看 / 我们 / 一起 / 吧 / 有什么

→ _____

(3) 去 / 听 / 吧 / 王老师的课 / 听 / 我们

→ _____

말하기 그림을 보고 괄호 안의 표현을 참고하여 대화를 완성하세요.   TRACK **077**

(1)

男   我下周末打算去爬山。

     Wǒ xià zhōumò dǎsuàn qù páshān.

男   我也想去，你 _____？ 还是

     Wǒ yě xiǎng qù, nǐ _____？

(2)

女   我觉得我很适合粉红色的。

     Wǒ juéde wǒ hěn shìhé fěnhóngsè de.

男   那你 _____。 试

     Nà nǐ _____.

(3)

女   这杯咖啡真好喝！

     Zhè bēi kāfēi zhēn hǎohē!

男   在哪儿买的？_____？ 还是

     Zài nǎr mǎi de? _____？

+ Plus Page 여행 표현

TRACK 078

客人 **我想办理入住手续。**
Wǒ xiǎng bànlǐ rùzhù shǒuxù.
저 체크인을 하고 싶은데요.

职员 **您预约了吗?**
Nín yùyuē le ma?
예약하셨나요?

客人 **几点之前退房?**
Jǐ diǎn zhīqián tuìfáng?
몇 시 전에 체크아웃인가요?

职员 **最晚12点得办退房手续。**
Zuì wǎn shí'èr diǎn děi bàn tuìfáng shǒuxù.
아무리 늦어도 12시에는 체크아웃을 해주세요.

WORDS

客人 kèrén 명 손님
之前 zhīqián 명 ~의 전, ~의 앞
退房手续 tuìfáng shǒuxù 체크아웃

入住手续 rùzhù shǒuxù 체크인
退房 tuìfáng 동 체크아웃하다

预约 yùyuē 동 예약하다
办 bàn 동 처리하다

+PLUS
酒店大厅 jiǔdiàn dàtīng 호텔 로비

押金 yājīn 명 보증금

取消 qǔxiāo 동 취소하다

✳

마카롱 외에,
각종 케이크도
있어요.

除了马卡龙以外，
Chúle mǎkǎlóng yǐwài,

还有各种蛋糕。
hái yǒu gèzhǒng dàngāo.

원어민MP3 듣기

✹ **주요 표현**
- 마카롱 외에, 각종 케이크도 있어요.
- 우리 먹으면서 수다 떨어요.

✹ **핵심 어법**
- 접속사 除了…以外，还
- 부사 一边A一边B

A 我想吃甜的，下班以后，我们去买零食吧。

Wǒ xiǎng chī tián de, xiàbān yǐhòu, wǒmen qù mǎi língshí ba.

나 단 거 먹고 싶어, 퇴근 후에 간식 사러 가자.

B 听说附近新开了一家甜品店，去看看吧。

Tīngshuō fùjìn xīn kāi le yì jiā tiánpǐn diàn, qù kànkan ba.

듣기로 근처에 디저트 가게가 새로 열었대. 가보자.

A 那儿有什么？ 거기 뭐 있는데?

Nàr yǒu shénme?

B 除了马卡龙以外，还有各种蛋糕。 마카롱 외에, 각종 케이크도 있어.

Chúle mǎkǎlóng yǐwài, hái yǒu gèzhǒng dàngāo.

우리말의 '나 말고도 한 명 더 왔다.' 혹은 '그는 중국어 말고, 영어도 할 줄 안다.'와 같이 어떤 것을 제외하고 다른 것을 추가로 제시할 때는 '~을 제외하고 이외에, ~도'라는 의미의 除了…以外，还를 써서 표현해요.

WORDS
甜 tián 형 달다
零食 língshí 명 간식
附近 fùjìn 명 근처, 부근
开 kāi 동 개점하다
甜品 tiánpǐn 명 단맛의 간식
店 diàn 명 가게, 상점
除了 chúle 집 ~을 제외하고
马卡龙 mǎkǎlóng 명 마카롱
以外 yǐwài 명 이외
各种 gèzhǒng 형 각종의
网球 wǎngqiú 명 테니스
养 yǎng 동 키우다
小猫 xiǎomāo 명 고양이
乌龟 wūguī 명 거북이
面包 miànbāo 명 빵
拿铁 nátiě 명 라테

✳ 교체 연습   TRACK 080

除了 + 제외 내용 + 以外, 还 + 추가 내용 。

除了	马卡龙	以外, 还	有各种蛋糕
除了	喜欢跑步	以外, 还	喜欢打网球
除了	养小猫	以外, 还	养了两只乌龟
除了	吃面包	以外, 还	喝了拿铁

A 你选好了吗? 너 다 골랐어?

Nǐ xuǎn hǎo le ma?

B 选好了，我们打包带走吗?

Xuǎn hǎo le, wǒmen dǎbāo dài zǒu ma?

골랐어. 우리 포장해서 갈 거야?

A 还是在这儿吃吧，这里装修得太漂亮了。

Háishi zài zhèr chī ba, zhè li zhuāngxiū de tài piàoliang le.

여기에서 먹는 것이 낫겠어. 여기 인테리어 너무 예쁘다.

B 好啊，我们一边吃一边聊天儿吧。 좋아. 우리 먹으면서 수다 떨자.

Hǎo a, wǒmen yìbiān chī yìbiān liáotiānr ba.

우리말의 '운동을 하면서 TV를 본다.'와 같이 같은 시간에 일어난 어떤 두 가지 행위(동작)를 나타낼 때는 '~하면서, ~하다'의 一边A一边B로 표현해요. A와 B에는 동사가 오며, 형용사를 열거할 때에는 又A又B로 표현해요.

WORDS

选 xuǎn 동 선택하다, 고르다
打包 dǎbāo 동 포장하다
带走 dài zǒu 가지고 가다
装修 zhuāngxiū 동 (집 따위의) 내장 공사를 하다
一边A一边B yìbiān A yìbiān B 부 A하면서 B하다
聊天儿 liáotiānr 동 잡담하다
妻子 qīzi 명 아내
家务 jiāwù 명 집안일
照顾 zhàogù 동 돌보다
查 chá 동 검색하다
资料 zīliào 명 자료
打工 dǎgōng 동 아르바이트 하다

---

* 교체 연습   TRACK 082

주어 +	一边 +	A 동작1	+ 一边 +	B。 동작2
我们	一边	吃	一边	聊天儿吧
妻子	一边	做家务	一边	照顾孩子
他	一边	打电话	一边	上网查资料
她	一边	听音乐	一边	打工

A 我想吃甜的，下班以后，我们去买零食吧。
   Wǒ xiǎng chī tián de, xiàbān yǐhòu, wǒmen qù mǎi língshí ba.

B 听说附近新开了一家甜品店，去看看吧。
   Tīngshuō fùjìn xīn kāi le yì jiā tiánpǐn diàn, qù kànkan ba.

A 那儿有什么？
   Nàr yǒu shénme?

B 除了马卡龙以外，还有各种蛋糕。
   Chúle mǎkǎlóng yǐwài, hái yǒu gèzhǒng dàngāo.

到甜品店
dào tiánpǐn diàn

A 你选好了吗？
   Nǐ xuǎn hǎo le ma?

B 选好了，我们打包带走吗？
   Xuǎn hǎo le, wǒmen dǎbāo dài zǒu ma?

A 还是在这儿吃吧，这里装修得太漂亮了。
   Háishi zài zhèr chī ba, zhè li zhuāngxiū de tài piàoliang le.

B 好啊，我们一边吃一边聊天儿吧。
   Hǎo a, wǒmen yìbiān chī yìbiān liáotiānr ba.

해석

A 나 단 거 먹고 싶어, 퇴근 후에 간식 사러 가자.

B 듣기로 근처에 디저트 가게가 새로 열었대. 가보자.

A 거기 뭐 있는데?

B 마카롱 외에, 각종 케이크도 있어.

(디저트 가게에 도착 후)

A 너 다 골랐어?

B 골랐어. 우리 포장해서 갈 거야?

A 여기에서 먹는 것이 낫겠어. 여기 인테리어 너무 예쁘다.

B 좋아. 우리 먹으면서 수다 떨자.

周末我要去明洞逛街。
Zhōumò wǒ yào qù Míngdòng guàngjiē.

_____ 明洞 _____ , 你 _____ 去哪儿?
_____ Míngdòng _____ , nǐ _____ qù nǎr?

我还想去东大门，那儿离明洞不太远。
Wǒ hái xiǎng qù Dōngdàmén, nàr lí Míngdòng bú tài yuǎn.

我也跟你一起去吧，我们可以 _____ 逛街 _____ 聊天儿。
Wǒ yě gēn nǐ yìqǐ qù ba, wǒmen kěyǐ _____ guàngjiē _____ liáotiānr.

WORDS

明洞 Míngdòng 고유 명동   东大门 Dōngdàmén 고유 동대문

녹음을 듣고 사진과 일치하면 ○, 일치하지 않으면 X를 표시하세요. **TRACK 086**

(1)  (2) (3)

 녹음을 듣고 질문에 알맞은 답을 고르세요. **TRACK 087**

(1) 女的没买的是什么?

    Ⓐ 羊肉　　　　　　Ⓑ 苹果　　　　　　Ⓒ 蛋糕

(2) 男的打算做什么?

    Ⓐ 一边吃苹果一边吃蛋糕

    Ⓑ 一边吃蛋糕一边做作业

    Ⓒ 一边打电话一边买东西

 주요 표현의 쓰임새에 주의하며 문장을 소리 내어 읽어보세요. **TRACK 088**

(1) 除了养小猫以外，还养了两只乌龟。
Chúle yǎng xiǎomāo yǐwài, hái yǎng le liǎng zhī wūguī.

(2) 除了喜欢跑步以外，还喜欢打网球。
Chúle xǐhuan pǎobù yǐwài, hái xǐhuan dǎ wǎngqiú.

(3) 她一边听音乐一边打工。
Tā yìbiān tīng yīnyuè yìbiān dǎgōng.

(4) 妻子一边做家务一边照顾孩子。
Qīzi yìbiān zuò jiāwù yìbiān zhàogù háizi.

문장 구조에 주의하며 끊어 읽어보세요.　　　　　　　　TRACK 089

(1) 听说 / 附近新开了 / 一家甜品店。

(2) 选好了, / 我们打包 / 带走吗?

(3) 还是 / 在这儿吃吧, / 这里装修得 / 太漂亮了。

 다음 빈칸에 들어갈 중국어와 한어병음을 써 보세요.

	중국어	한어병음

(1) 我在图书馆 ＿＿＿＿ 呢。

　　 나는 도서관에서 자료를 검색하는 중이다.　　　　＿＿＿＿＿＿＿　＿＿＿＿＿＿＿

(2) 我去便利店买了很多 ＿＿＿＿ 。

　　 나는 편의점에 가서 간식을 많이 샀다.　　　　　　＿＿＿＿＿＿＿　＿＿＿＿＿＿＿

(3) 冰箱里有 ＿＿＿＿ 水果，你去吃吧。

　　 냉장고 안에 각종 과일이 있어, 가서 먹어.　　　　＿＿＿＿＿＿＿　＿＿＿＿＿＿＿

쓰기 2 다음 어휘를 어순에 맞게 배열하여 문장을 완성하세요.

(1) 还有 / 学生 / 以外 / 除了 / 老师

→ ＿＿＿＿＿＿＿＿＿＿＿＿＿＿＿＿＿＿＿＿＿＿＿＿＿＿＿＿＿＿＿＿

(2) 讨论 / 一边 / 一边 / 他们 / 吃零食

→ ＿＿＿＿＿＿＿＿＿＿＿＿＿＿＿＿＿＿＿＿＿＿＿＿＿＿＿＿＿＿＿＿

(3) 咖啡店 / 除了 / 饭店 / 我还 / 去 / 以外 / 去

→ ＿＿＿＿＿＿＿＿＿＿＿＿＿＿＿＿＿＿＿＿＿＿＿＿＿＿＿＿＿＿＿＿

🔊 **말하기** 그림을 보고 괄호 안의 표현을 참고하여 대화를 완성하세요.　　　　　　TRACK **090**

(1)

男 你为什么这么累?

　　Nǐ wèishénme zhème lèi?

女 我现在 ＿＿＿＿＿＿＿＿＿＿＿＿＿＿＿ 。　一边A一边B

　　Wǒ xiànzài ＿＿＿＿＿＿＿＿＿＿＿＿＿＿ .

(2)

男 你早饭吃了什么?

　　Nǐ zǎofàn chī le shénme?

女 ＿＿＿＿＿＿＿＿ , ＿＿＿＿＿＿＿＿＿ 。　除了…以外，还…

　　＿＿＿＿＿＿＿＿＿＿ , ＿＿＿＿＿＿＿ .

(3)

女 你业余时间做什么?

　　Nǐ yèyú shíjiān zuò shénme?

男 ＿＿＿＿＿＿＿＿ , ＿＿＿＿＿＿＿＿＿ 。　除了…以外，还…

　　＿＿＿＿＿＿＿＿＿＿ , ＿＿＿＿＿＿＿ .

+ Plus Page 여행 표현

TRACK 091

客人 **我想要个标准间。**
Wǒ xiǎng yào ge biāozhǔnjiān.
저는 스탠다드룸을 원해요.

职员 **一个晚上400块，现在打九折。**
Yí ge wǎnshang sìbǎi kuài, xiànzài dǎ jiǔ zhé.
하룻밤에 400위안인데, 지금 10% 할인 중이에요.

客人 **这个价格含早餐吗?**
Zhè ge jiàgé hán zǎocān ma?
이 가격은 조식 포함인가요?

职员 **这是打折价，不含早餐。**
Zhè shì dǎzhé jià, bù hán zǎocān.
할인 가격이라 조식은 포함되지 않습니다.

WORDS

标准间 biāozhǔnjiān 명 스탠다드룸　　打折 dǎzhé 동 할인하다　　　　价格 jiàgé 명 가격
含 hán 동 포함하다　　　　　　　　　早餐 zǎocān 명 아침 식사(조식)

+PLUS

单人间 dānrénjiān 명 싱글룸　　　　双人床 shuāngrénchuáng 명 더블 침대　　单人床 dānrénchuáng 명 싱글 침대
走廊 zǒuláng 명 복도　　　　　　　大厅 dàtīng 명 홀

UNIT
08

＊

의사 선생님께서 저한테 며칠 쉬라고 하셨어요.

医生让我休息几天。
Yīshēng ràng wǒ xiūxi jǐ tiān.

✳ **주요 표현**

• 의사 선생님께서 저한테 며칠 쉬라고
  하셨어요.

• 너무 많아서 다 못 먹겠어요.

✳ **핵심 어법**

• 사역동사 让 / 叫 / 派 / 请

• 가능보어 1

✳ 회화의 토대는 **어법**

Ⓐ 你怎么才来? 너 어째서 이제야 오는 거야?

Nǐ zěnme cái lái?

Ⓑ 我去医院挂号，排队等了很长时间。

Wǒ qù yīyuàn guàhào, páiduì děng le hěn cháng shíjiān.

병원 가서 접수하는데, 줄을 서서 오래 기다렸어.

Ⓐ 医生怎么说的? 의사 선생님께서 뭐라고 말씀하셔?

Yīshēng zěnme shuō de?

Ⓑ 医生让我休息几天。 의사 선생님께서 나한테 며칠 쉬라고 하셨어.

Yīshēng ràng wǒ xiūxi jǐ tiān.

우리말의 '엄마가 동생에게 슈퍼에 가서 물건을 사오라고 했다.'와 같이 주어가 목적어(사람)에게 어떤 행위를 시키는 문장을 '겸어문'이라고 해요. 즉, 목적어(목적어1) 뒤에 또다른 동사(동사2)가 오면서 목적어(목적어1)는 주어 역할을 하게 되는 구조예요. 목적어(목적어1) 앞에 오는 동사(동사1)에는 사역동사인 让 ràng / 叫 jiào / 派 pài / 请 qǐng 등이 있고, 부정은 让 앞에 不를 써요.

WORDS

才 cái 뷔 겨우, 이제야
挂号 guàhào 통 수속하다, 등록하다
排队 páiduì 통 줄을 서다
让 ràng 통 ~하게 하다
经理 jīnglǐ 명 사장, 책임자
派 pài 통 파견하다
油 yóu 명 기름

✳ 교체 연습

주어 (+ 부정부사) + 동사1 + 목적어1 + 동사2 + 목적어2 。
                              주어

의사1	부정	동사1	목적어1	동사2	목적어2
医生		让	我	休息	几天
经理		派	我	去	中国
妈妈		让	我	去买	一瓶油
妈妈	不	让	爸爸	抽	烟

Ⓐ **你怎么不吃啊?** 너 어째서 안 먹어?

Nǐ zěnme bù chī a?

Ⓑ **太多了，我吃不完。** 너무 많아서 다 못 먹겠어.

Tài duō le, wǒ chī bu wán.

Ⓐ **怎么了? 你没有胃口吗?** 왜 그래? 입맛이 없어?

Zěnme le?　Nǐ méiyǒu wèikǒu ma?

Ⓑ **不是，我的胃不舒服，吃东西总是不消化。**

Bú shì, wǒ de wèi bù shūfu, chī dōngxi zǒngshì bù xiāohuà.

아니야, 나 속이 안 좋아. 음식 먹으면 자주 소화가 안 되네.

우리말의 '음식을 다 먹을 수 있다.'와 같이 어떤 행위가 가능 혹은 불가능한 것을 나타내기 위해 동사 뒤에서 보충하는 성분을 '가능보어'라고 해요. 가장 일반적인 형식으로는 동사와 결과보어 사이에 得와 不를 사용해 긍정과 부정을 나타내요. 예를 들면 **吃得饱/吃不饱** '배부르게 먹을 수 있다/배부르게 먹을 수 없다'와 같은 표현이 있어요.

WORDS

胃口 wèikǒu 명 입맛
胃 wèi 명 위
消化 xiāohuà 명 동 소화(하다)
清楚 qīngchu 형 뚜렷하다, 분명하다
声音 shēngyīn 명 음성, 목소리
碟子 diézi 명 접시
导游 dǎoyóu 명 가이드
订 dìng 동 예약하다
酒店 jiǔdiàn 명 호텔

✱ **교체 연습** _____ TRACK 095

주어 ＋ 가능보어 ＋ 목적어 。
　　　 동사＋不＋결과보어

我	吃不完	这个菜
我	听不清楚	声音
老公	洗不干净	碟子
导游	订不到	酒店

A 你怎么才来?
　Nǐ zěnme cái lái?

B 我去医院挂号，排队等了很长时间。
　Wǒ qù yīyuàn guàhào, páiduì děng le hěn cháng shíjiān.

A 医生怎么说的?
　Yīshēng zěnme shuō de?

B 医生让我休息几天。
　Yīshēng ràng wǒ xiūxi jǐ tiān.

几天以后
jǐ tiān yǐhòu

A 你怎么不吃啊?
　Nǐ zěnme bù chī a?

B 太多了，我吃不完。
　Tài duō le, wǒ chī bu wán.

A 怎么了? 你没有胃口吗?
　Zěnme le?　Nǐ méiyǒu wèikǒu ma?

B 不是，我的胃不舒服，吃东西总是不消化。
　Bú shì, wǒ de wèi bù shūfu, chī dōngxi zǒngshì bù xiāohuà.

해석
　A 너 어째서 이제야 오는 거야?
　B 병원 가서 접수하는 데, 줄을 서서 오래 기다렸어.
　A 의사 선생님께서 뭐라고 말씀하셔?
　B 의사 선생님께서 나한테 며칠 쉬라고 하셨어.

（며칠 후）

　A 너 어째서 안 먹어?
　B 너무 많아서 다 못 먹겠어.
　A 왜 그래? 입맛이 없어?
　B 아니야, 나 속이 안 좋아. 음식 먹으면 자주 소화가 안 되네.

你怎么不下班?
Nǐ zěnme bú xiàbān?

老板 _____ 我加班。
Lǎobǎn _____ wǒ jiābān.

几点能做完?
Jǐ diǎn néng zuò wán?

工作太多了, 我觉得今天 _____ 。
Gōngzuò tài duō le, wǒ juéde jīntiān _____ .

WORDS

加班 jiābān 동 야근하다

연습은 **실전같이!**

 녹음을 듣고 사진과 일치하면 ○, 일치하지 않으면 X를 표시하세요.　　　　TRACK 099

(1)

(2)

(3)

 녹음을 듣고 질문에 알맞은 답을 고르세요.　　　　TRACK 100

(1) 女的正在做什么?

　　Ⓐ 参加面试　　　　Ⓑ 查资料　　　　Ⓒ 打电话

(2) 女的为什么找不到资料?

　　Ⓐ 资料太少　　　　Ⓑ 资料太多　　　　Ⓒ 不能上网

읽기 1　주요 표현의 쓰임새에 주의하며 문장을 소리 내어 읽어보세요.　　　　TRACK 101

(1) 妈妈不让爸爸抽烟。
　　Māma bú ràng bàba chōuyān.

(2) 妈妈让我去买一瓶油。
　　Māma ràng wǒ qù mǎi yì píng yóu.

(3) 我听不清楚声音。
　　Wǒ tīng bu qīngchu shēngyīn.

(4) 导游订不到酒店。
　　Dǎoyóu dìng bu dào jiǔdiàn.

읽기 **2** 문장 구조에 주의하며 끊어 읽어보세요.   TRACK **102**

(1) 怎么了? / 你没有 / 胃口吗?

(2) 我去医院 / 挂号, / 排队等了 / 很长时间。

(3) 我的胃 / 不舒服, / 吃东西 / 总是不消化。

쓰기 **1** 다음 빈칸에 들어갈 중국어와 한어병음을 써 보세요.

	중국어	한어병음

(1) 乘客请 _____ 进来。

승객들은 줄을 서서 들어오세요.

_____   _____

(2) 这家 _____ 是不能抽烟的。

이 호텔은 모두 금연입니다.

_____   _____

(3) 我在外面, 听不清楚你的 _____。

나는 밖이라서 너의 목소리가 잘 들리지 않는다.

_____   _____

쓰기 **2** 다음 어휘를 어순에 맞게 배열하여 문장을 완성하세요.

(1) 订 / 让我 / 酒店 / 妻子

→ _____

(2) 不到 / 我昨天 / 电影票 / 买

→ _____

(3) 晚饭 / 我让 / 打包 / 男朋友 / 去饭店

→ _____

말하기 🔊 그림을 보고 괄호 안의 표현을 참고하여 대화를 완성하세요.　　　　TRACK 103

(1)

男　喂，你正在做什么？我们出去玩儿吧。

Wéi, nǐ zhèngzài zuò shénme? Wǒmen chūqù wánr ba.

女　你的声音太小了，＿＿＿＿＿＿＿＿＿＿＿＿＿＿。 听

Nǐ de shēngyīn tài xiǎo le, ＿＿＿＿＿＿＿＿＿＿＿＿＿＿.

(2)

女　你也养一只小狗吧。

Nǐ yě yǎng yì zhī xiǎogǒu ba.

男　妈妈＿＿＿＿＿＿＿＿＿＿＿＿＿＿。 让

Māma ＿＿＿＿＿＿＿＿＿＿＿＿＿＿.

(3)

男　你去医院了吗？医生怎么说的？

Nǐ qù yīyuàn le ma? Yīshēng zěnme shuō de?

女　＿＿＿＿＿＿＿＿＿＿＿＿＿＿。 让

＿＿＿＿＿＿＿＿＿＿＿＿＿＿.

+ Plus Page 여행 표현

服务员 请问，你们几位?
Qǐngwèn, nǐmen jǐ wèi?
실례지만, 몇 분이십니까?

客人 一共6个人，有包间吗?
Yígòng liù ge rén, yǒu bāojiān ma?
모두 6명이에요. 룸이 있나요?

客人 你们店里的招牌菜是什么?
Nǐmen diàn li de zhāopái cài shì shénme?
이 가게에 추천메뉴는 무엇인가요?

服务员 请看一下菜单的第一页。
Qǐng kàn yíxià càidān de dì yī yè.
메뉴판의 첫 번째 페이지를 봐 주세요.

WORDS

包间 bāojiān 명 룸　　招牌菜 zhāopái cài 대표 요리　　页 yè 양 페이지

+PLUS

预订 yùdìng 통 예약하다　　座位 zuòwèi 명 자리, 좌석　　特价菜 tèjià cài 특가 메뉴

✳

나는 요즘
퇴근하자마자 요리를
배우러 가요.

我最近一下班就去学做菜。
Wǒ zuìjìn yí xiàbān jiù qù xué zuò cài.

✳ **주요 표현**

• 나는 요즘 퇴근하자마자 요리를 배우러 가요.

• 한식이든 중식이든 다 자신있어요.

✳ **핵심 어법**

• 一…就…

• 접속사 无论A还是B，都

A 周末来我家吃饭吧。 주말에 우리 집에 와서 밥 먹자.
Zhōumò lái wǒ jiā chīfàn ba.

B 你做的菜能吃吗? 네가 만든 요리 먹을 수 있는 거야?
Nǐ zuò de cài néng chī ma?

A 当然，我最近一下班就去学做菜。
Dāngrán, wǒ zuìjìn yí xiàbān jiù qù xué zuò cài.
당연하지. 나는 요즘 퇴근하자마자 요리를 배우러 가.

B 好，去尝尝你的手艺。 좋아, 가서 네 솜씨 좀 맛보자.
Hǎo, qù chángchang nǐ de shǒuyì.

두 동작이 일어난 시간이 짧음을 나타내거나 조건 관계를 표현할 때에는 '~하자마자 곧, ~하다'는 의미의 一…就…로 표현해요. 예를 들면 우리말의 '그는 퇴근하자마자 운동을 간다.'와 같은 표현인데, 한 가지 동작이 완료된 후 다음 동작이 바로 일어난 것으로 一와 就는 부사어 역할로 술어 앞에 와야 해요.

WORDS

手艺 shǒuyì 명 솜씨, 수예
刷牙 shuāyá 동 이를 닦다
打扫 dǎsǎo 동 청소하다
房间 fángjiān 명 방
先生 xiānsheng 명 선생[성인 남자에 대한 호칭]
早 zǎo 형 (때가) 이르다

✳ 교체 연습 _____ TRACK 106

주어 + 一 + 상황1 + 就 + 상황2 。

주어	一	상황1	就	상황2
我	一	下班	就	去学做菜
我	一	吃完饭	就	刷牙
他	一	回家	就	打扫房间了
金先生	一	下车	就	发现下早了

B 这些菜都是你做的吗? 이 음식들 다 네가 만든 거야?
Zhè xiē cài dōu shì nǐ zuò de ma?

A 是啊，你快尝尝。 응, 빨리 먹어봐.
Shì a, nǐ kuài chángchang.

B 哇，味道棒极了，真是你做的吗? 와! 맛이 끝내준다. 진짜 네가 만든 거야?
Wā, wèidao bàng jí le, zhēn shì nǐ zuò de ma?

A 当然，现在无论是韩国菜还是中国菜，我都很拿手。
Dāngrán, xiànzài wúlùn shì Hánguó cài háishi Zhōngguó cài, wǒ dōu hěn náshǒu.
당연하지, 지금은 한식이든 중식이든 다 자신있어.

우리말의 '어른이든 아이든 모두 다 그를 좋아한다.'처럼 어떤 조건에서라도 결과나 결론에 변화가 없음을 나타낼 때 '~을 막론하고, ~든지'라는 의미의 접속사 无论으로 표현해요. 이때 无论이 있는 문장에서는 선택 관계를 나타내는 접속사 还是가 쓰이기도 하며, 无论 문장 뒤에는 都가 호응해요.

WORDS

些 xiē 양 조금, 약간
味道 wèidao 명 맛
棒 bàng 형 (수준이) 높다
极了 jí le 극히, 매우, 몹시[그 정도가 가장 심함을 나타냄]
无论 wúlùn 접 ~에도 불구하고, 막론하고
拿手 náshǒu 형 (어떤 기술에) 뛰어나다
钢琴 gāngqín 명 피아노
小提琴 xiǎotíqín 명 바이올린
漫画 mànhuà 명 만화

＊ 교체 연습 _____ TRACK 108

| 无论 | + | 是 | + | A | + | 还是 | + | B, | + | 주어 | + | 都 | + | 결과/결론 | 。 |

无论	是	韩国菜	还是	中国菜,	我	都	很拿手
无论	是	钢琴	还是	小提琴,	他	都	想学好
无论	是	小说	还是	漫画,	我	都	喜欢看
无论	是	面包	还是	蛋糕,	我	都	喜欢吃

A 周末来我家吃饭吧。
Zhōumò lái wǒ jiā chīfàn ba.

B 你做的菜能吃吗?
Nǐ zuò de cài néng chī ma?

A 当然，我最近一下班就去学做菜。
Dāngrán, wǒ zuìjìn yí xiàbān jiù qù xué zuò cài.

B 好，去尝尝你的手艺。
Hǎo, qù chángchang nǐ de shǒuyì.

周末A到B的家
zhōumò A dào B de jiā

B 这些菜都是你做的吗?
Zhè xiē cài dōu shì nǐ zuò de ma?

A 是啊，你快尝尝。
Shì a, nǐ kuài chángchang.

B 哇，味道棒极了，真是你做的吗?
Wā, wèidao bàng jí le, zhēn shì nǐ zuò de ma?

A 当然，现在无论是韩国菜还是中国菜，我都很拿手。
Dāngrán, xiànzài wúlùn shì Hánguó cài háishi Zhōngguó cài, wǒ dōu hěn náshǒu.

해석

A 주말에 우리 집에 와서 밥 먹자.

B 네가 만든 요리 먹을 수 있는 거야?

A 당연하지. 나는 요즘 퇴근하자마자 요리를 배우러 가.

B 좋아, 가서 네 솜씨 좀 맛보자.

(주말에 A가 B의 집으로 와서)

B 이 음식들 다 네가 만든 거야?

A 응, 빨리 먹어봐.

B 와! 맛이 끝내준다. 진짜 네가 만든 거야?

A 당연하지, 지금은 한식이든 중식이든 다 자신있어.

✱ 실전같이 말하기

TRACK 111

儿子，收到大学录取通知书以后你想做什么？

Érzi, shōudào dàxué lùqǔ tōngzhīshū yǐhòu nǐ xiǎng zuò shénme?

我想 ______ 收到大学录取通知书 ______ 去旅行。

Wǒ xiǎng ______ shōudào dàxué lùqǔ tōngzhīshū ______ qù lǚxíng.

你想去哪儿？

Nǐ xiǎng qù nǎr?

______ 亚洲 ______ 欧洲，我 ______ 想去。

______ Yàzhōu ______ Ōuzhōu, wǒ ______ xiǎng qù.

WORDS

收到 shōudào 동 받다, 수령하다
录取 lùqǔ 동 (시험으로) 채용하다, 뽑다
通知书 tōngzhīshū 명 통지서
亚洲 Yàzhōu 고유 아시아
欧洲 Ōuzhōu 고유 유럽

연습은 실전같이!

 녹음을 듣고 사진과 일치하면 ○, 일치하지 않으면 X를 표시하세요.　　　**TRACK 112**

(1)

(2)

(3)

 녹음을 듣고 질문에 알맞은 답을 고르세요.　　　**TRACK 113**

(1) 他们周末做什么?

　　Ⓐ 做饭　　　　　Ⓑ 买东西　　　　　Ⓒ 洗衣服

(2) 女的想看什么电影?

　　Ⓐ 中国电影　　　Ⓑ 韩国电影　　　　Ⓒ 美国电影

읽기 1 주요 표현의 쓰임새에 주의하며 문장을 소리 내어 읽어보세요.　　　**TRACK 114**

(1) 他一回家，就打扫房间了。
Tā yì huíjiā, jiù dǎsǎo fángjiān le.

(2) 金先生一下车就发现下早了。
Jīn xiānsheng yí xià chē jiù fāxiàn xià zǎo le.

(3) 无论是小说还是漫画，我都喜欢看。
Wúlùn shì xiǎoshuō háishi mànhuà, wǒ dōu xǐhuan kàn.

(4) 无论是钢琴还是小提琴，他都想学好。
Wúlùn shì gāngqín háishi xiǎotíqín, tā dōu xiǎng xué hǎo.

읽기 2 문장 구조에 주의하며 끊어 읽어보세요.

TRACK 115

(1) 周末 / 来我家 / 吃饭吧。

(2) 这些菜 / 都是 / 你做的吗？

(3) 我最近 / 一下班 / 就去 / 学做菜。

쓰기 1 다음 빈칸에 들어갈 중국어와 한어병음을 써 보세요.

	중국어	한어병음

(1) 她的 　　　 比别人好。

그녀의 손재주는 다른사람보다 좋다.

_____　_____

(2) 这个菜的 　　　 怎么样？

이 요리는 맛이 어때요？

_____　_____

(3) 我一起床就 　　　 房间。

나는 일어나자마자 방을 청소한다.

_____　_____

쓰기 2 다음 어휘를 어순에 맞게 배열하여 문장을 완성하세요.

(1) 一 / 我 / 就 / 唱歌 / 高兴

→ _____

(2) 到家 / 玩儿游戏 / 一 / 就 / 我

→ _____

(3) 美式咖啡 / 喜欢 / 都 / 还是 / 无论是拿铁 / 我

→ _____

연습은 실전같이!

말하기 🔊 그림을 보고 괄호 안의 표현을 참고하여 대화를 완성하세요.   **TRACK 116**

(1)

女 家里只有面包和蛋糕，你吃哪个?

Jiā li zhǐ yǒu miànbāo hé dàngāo, nǐ chī nǎ ge?

男 都可以, _____ 。 无论A还是B

Dōu kěyǐ, _____ .

(2)

女 你平时吃晚饭以后做什么?

Nǐ píngshí chī wǎnfàn yǐhòu zuò shénme?

男 _____ 。 一…就…

_____ .

(3)

男 下课以后一起去玩儿吧。

Xiàkè yǐhòu yìqǐ qù wánr ba.

女 不可以，我很忙，我 _____ 。 一…就…

Bù kěyǐ, wǒ hěn máng, wǒ _____ .

+ Plus Page 여행 표현

客人　来一个这个菜，请不要放香菜。

Lái yí ge zhè ge cài, qǐng bú yào fàng xiāngcài.

이 음식 주시고, 고수는 넣지 말아주세요.

服务员　好的，还需要别的吗？

Hǎo de, hái xūyào bié de ma?

알겠습니다. 다른 것은 필요 없으십니까?

客人　请给我拿点儿餐巾纸，再来一个新碟子。

Qǐng gěi wǒ ná diǎnr cānjīnzhǐ, zài lái yí ge xīn diézi.

제게 냅킨 좀 주세요. 새 접시도 하나 더 주시고요.

服务员　好的，请稍等。

Hǎo de, qǐng shāo děng.

알겠습니다. 잠시만 기다려주세요.

WORDS

放 fàng 동 넣다	香菜 xiāngcài 명 고수	餐巾纸 cānjīnzhǐ 명 냅킨

+PLUS

盘子 pánzi 명 쟁반	餐具 cānjù 명 식기구	湿巾 .shījīn 명 물티슈

✳

나는 잇몸이
아파서 음식을
먹지 못해요.

A 喂，出来吧，我请你吃饭。 여보세요? 나와, 내가 밥 살게.
Wéi, chūlái ba, wǒ qǐng nǐ chīfàn.

B 不行，我的牙龈很疼，吃不了东西。
Bù xíng, wǒ de yáyín hěn téng, chī bu liǎo dōngxi.
안돼, 나는 잇몸이 아파서 음식을 먹지 못해.

A 怎么了？严重吗？ 무슨 일이야? 많이 아파?
Zěnme le?　Yánzhòng ma?

B 不太严重，就是有点儿发炎。 심하지 않아, 염증이 조금 있을 뿐이야.
Bú tài yánzhòng, jiù shì yǒudiǎnr fāyán.

앞에서 배운 가능보어는 동사와 결과보어 사이에 得와 不를 사용해 긍정과 부정을 나타냈는데요. 그 외에도 어떤 행위가 가능 혹은 불가능한 것을 나타낼 때 동사 뒤에 …不了/…得了를 붙여서 가능보어를 표현할 수도 있어요. 이때, 了는 동사이며 liǎo로 읽는 것에 주의하세요.

WORDS

请 qǐng ⑧ 한턱 내다
行 xíng ⑧ 좋다, 괜찮다
牙龈 yáyín ⑧ 잇몸
…不了 …bu liǎo ⑧ ~할 수 없다
就是 jiù shì 바로 ~이다
发炎 fāyán ⑧ 염증이 나다
搬 bān ⑧ 이사하다
搬家 bānjiā ⑧ 이사하다
文件 wénjiàn ⑧ 서류
相机 xiàngjī ⑧ 카메라
拍 pāi ⑧ 촬영하다

✳ **교체 연습** _____ **TRACK 119**

주어 ＋ 가능보어 ＋ 목적어 。
　　　　동사＋不了

我	吃不了	东西
我	搬不了	家了
同事	拿不了	文件
相机	拍不了	照片

A 你能喝东西吗？我给你买去。 뭘 마실 수는 있어? 내가 사 갈게.

Nǐ néng hē dōngxi ma? Wǒ gěi nǐ mǎi qù.

B 我能喝，但是得用吸管。 마실 수 있어. 그런데 빨대를 사용해야 해.

Wǒ néng hē, dànshì děi yòng xīguǎn.

A 那我给你买酸奶吧。 그럼 요거트를 사서 갈게.

Nà wǒ gěi nǐ mǎi suānnǎi ba.

B 太好了，不过千万别忘了拿吸管。

Tài hǎo le, búguò qiānwàn bié wàng le ná xīguǎn.
좋아! 그런데 빨대 가져오는 거 절대 잊지 마.

'제발', '부디'의 의미를 가진 부사 千万은 어떠한 당부를 재차 부탁할 때
사용해요. 부정적인 표현을 할 때는 뒤에 명령을 나타내는 '~하지 마라'
의 别나 '~할 수 없다'의 不可 bùkě / 不能 bù néng / 不要 búyào가 항
상 함께 쓰여요.

吸管 xīguǎn 명 빨대
酸奶 suānnǎi 명 요거트
不过 búguò 접 그러나
千万 qiānwàn 부 제발, 부디
别 bié 부 ~하지 마라
迟到 chídào 동 지각하다
紧张 jǐnzhāng 형 긴장하다
手机号 shǒujīhào 휴대 전화 번호

✱ **교체 연습** _____ TRACK **121**

千万 ＋ 别/不要 ＋ 당부/염려하는 내용 。

千万	别	忘了拿吸管
千万	别	迟到
千万	不要	紧张
千万	不要	告诉他我的手机号

A 喂，出来吧，我请你吃饭。
Wéi, chūlái ba, wǒ qǐng nǐ chīfàn.

B 不行，我的牙龈很疼，吃不了东西。
Bù xíng, wǒ de yáyín hěn téng, chī bu liǎo dōngxi.

A 怎么了？严重吗？
Zěnme le?　　Yánzhòng ma?

B 不太严重，就是有点儿发炎。
Bú tài yánzhòng, jiù shì yǒudiǎnr fāyán.

A 你能喝东西吗？我给你买去。
Nǐ néng hē dōngxi ma? Wǒ gěi nǐ mǎi qù.

B 我能喝，但是得用吸管。
Wǒ néng hē, dànshì děi yòng xīguǎn.

A 那我给你买酸奶吧。
Nà wǒ gěi nǐ mǎi suānnǎi ba.

B 太好了，不过千万别忘了拿吸管。
Tài hǎo le, búguò qiānwàn bié wàng le ná xīguǎn.

해석

A 여보세요? 나와, 내가 밥 살게.

B 안돼, 나는 잇몸이 아파서 음식을 먹지 못해.

A 무슨 일이야? 많이 아파?

B 심하지 않아, 염증이 조금 있을 뿐이야.

A 뭘 마실 수는 있어? 내가 사 갈게.

B 마실 수 있어. 그런데 빨대를 사용해야 해.

A 그럼 요거트를 사서 갈게.

B 좋아! 그런데 빨대 가져오는 거 절대 잊지 마.

✳ 실전같이 **말하기**

 儿子，你在哪儿？
Érzi, nǐ zài nǎr?

我十分钟以后能到家。
Wǒ shí fēnzhōng yǐhòu néng dào jiā.

 回来的时候，＿＿＿＿＿＿ 忘了买一瓶油。
Huílái de shíhou, ＿＿＿＿＿＿ wàng le mǎi yì píng yóu.

这个时间超市已经关门了，＿＿＿＿＿＿ 东西。
Zhè ge shíjiān chāoshì yǐjīng guānmén le, ＿＿＿＿＿＿ dōngxi.

연습은 실전같이!

 녹음을 듣고 사진과 일치하면 〇, 일치하지 않으면 X를 표시하세요.　　　　TRACK 125

(1)

(2)

(3)

 녹음을 듣고 질문에 알맞은 답을 고르세요.　　　　TRACK 126

(1) 女的在哪儿?

　　Ⓐ 一楼　　　　　　Ⓑ 三楼　　　　　　Ⓒ 五楼

(2) 女的为什么不上去?

　　Ⓐ 等男的　　　　　Ⓑ 东西太多　　　　Ⓒ 还没到

 주요 표현의 쓰임새에 주의하며 문장을 소리 내어 읽어보세요.　　　　TRACK 127

(1) 相机拍不了照片。
　　Xiàngjī pāi bu liǎo zhàopiàn.

(2) 同事拿不了文件。
　　Tóngshì ná bu liǎo wénjiàn.

(3) 千万不要紧张。
　　Qiānwàn búyào jǐnzhāng.

(4) 千万不要告诉他我的手机号。
　　Qiānwàn búyào gàosu tā wǒ de shǒujīhào.

110

읽기 2 문장 구조에 주의하며 끊어 읽어보세요.　　　　　　TRACK 128

(1) 那我 / 给你买 / 酸奶吧。

(2) 出来吧， / 我请你 / 吃饭。

(3) 不太严重， / 就是有点儿 / 发炎。

쓰기 1 다음 빈칸에 들어갈 중국어와 한어병음을 써 보세요.

　　　　　　　　　　　　　　　　　　　　　　중국어　　　　　　한어병음

(1) 我工作越来越忙，　　　　家。

나는 점점 바빠져서 이사를 할 수 없다.　　_____　_____

(2) 我的　　　　很疼，得去医院。

나는 잇몸이 너무 아파서 병원에 가야한다.　_____　_____

(3) 明天的面试，你千万别　　　　。

내일 면접에서 제발 긴장하지 마.　　　　　_____　_____

쓰기 2 다음 어휘를 어순에 맞게 배열하여 문장을 완성하세요.

(1) 相机 / 忘了 / 别 / 带 / 千万

　→ _____

(2) 哪儿 / 说 / 在 / 千万 / 不要 / 我

　→ _____

(3) 有点儿 / 喝 / 酒 / 发炎 / 我的牙龈 / 不了

　→ _____

✳ 연습은 실전같이!

🔊 **말하기** 그림을 보고 괄호 안의 표현을 참고하여 대화를 완성하세요. **TRACK 129**

(1)

女 你怎么回来了?

　　Nǐ zěnme huílái le?

男 我肚子疼, ＿＿＿＿＿＿＿＿＿＿＿＿＿＿ 。 …不了

　　Wǒ dùzi téng, ＿＿＿＿＿＿＿＿＿＿＿＿ .

(2)

男 你为什么没给我打电话?

　　Nǐ wèishénme méi gěi wǒ dǎ diànhuà?

女 我忘带手机了, ＿＿＿＿＿＿＿＿＿＿＿＿ 。 …不了

　　Wǒ wàng dài shǒujī le, ＿＿＿＿＿＿＿＿＿＿ .

(3)

男 明天有面试, 我得做什么?

　　Míngtiān yǒu miànshì, wǒ děi zuò shénme?

女 ＿＿＿＿＿＿＿＿＿＿＿＿＿＿＿＿ 。 千万…

　　＿＿＿＿＿＿＿＿＿＿＿＿＿＿＿＿ .

+ Plus Page 여행 표현

客人　服务员，买单。
Fúwùyuán, mǎidān.

여기요. 계산할게요.

服务员　您的消费一共是150块。
Nín de xiāofèi yígòng shì yìbǎi wǔshí kuài.

모두 150위안 되겠습니다.

客人　能用微信付款吗?
Néng yòng Wēixìn fùkuǎn ma?

위챗을 사용해서 계산해도 될까요?

服务员　可以，请扫这个码。
Kěyǐ, qǐng sǎo zhè ge mǎ.

가능해요. 이 QR코드를 스캔해주세요.

WORDS

买单 mǎidān 图 계산하다　　消费 xiāofèi 명 소비　　微信 Wēixìn 명 위챗[중국의 무료 채팅 앱]
付款 fùkuǎn 图 돈을 지불하다　　扫码 sǎomǎ QR코드를 식별하다

+PLUS

发票 fāpiào 명 영수증　　刷卡 shuākǎ 图 카드를 긁다
支付宝 Zhīfùbǎo 명 알리페이[중국 알리바바 그룹의 전자금융거래 서비스]

✳ 접속사 **还是** 혹은, 또는(선택의문문)

你想看裙子**还是**裤子？ 치마를 보시겠어요, 아니면 바지를 보시겠어요?

Nǐ xiǎng kàn qúnzi háishi kùzi?

✳ 단음절 동사중첩 ~해보다, 한번 ~해보다

给我**看看**那条吧。 저 옷을 좀 보여주세요.

Gěi wǒ kànkan nà tiáo ba.

那条也不错，你可以**试试**。 저것도 예뻐요. 한번 입어보세요.

Nà tiáo yě bú cuò, nǐ kěyǐ shìshi.

• 대화 속 빈칸을 채우세요.

A 我饿了，我们吃饭吧。

   Wǒ è le, wǒmen chīfàn ba.

B 好啊，在家吃 _____ 出去吃？

   Hǎo a, zài jiā chī _____ chūqù chī?

A 还是在家做饭吃吧。

   Háishi zài jiā zuòfàn chī ba.

B 那我 _____ 冰箱里有什么。

   Nà wǒ _____ bīngxiāng li yǒu shénme.

✳ **除了…以外，还…** ~을 제외하고 이외에, ~도

除了马卡龙**以外，还**有各种蛋糕。 마카롱 외에, 각종 케이크도 있어요.

Chúle mǎkǎlóng yǐwài, hái yǒu gèzhǒng dàngāo.

✳ **一边A一边B** A하면서 B하다

我们**一边**吃**一边**聊天儿吧。 우리 먹으면서 수다 떨어요.

Wǒmen yìbiān chī yìbiān liáotiānr ba.

• 대화 속 빈칸을 채우세요.

A 周末我要去明洞逛街。

   Zhōumò wǒ yào qù Míngdòng guàngjiē.

B _____ 明洞 _____ ，你 _____ 去哪儿？

   _____ Míngdòng _____ , nǐ _____ qù nǎr?

A 我还想去东大门，那儿离明洞不太远。

   Wǒ hái xiǎng qù Dōngdàmén, nàr lí Míngdòng bú tài yuǎn.

B 我也跟你一起去吧，我们可以 _____ 逛街 _____ 聊天儿。

   Wǒ yě gēn nǐ yìqǐ qù ba, wǒmen kěyǐ _____ guàngjiē _____ liáotiānr.

✳ 让 ~에게 ~하게 하다(사역)

医生让我休息几天。 의사 선생님께서 저한테 며칠 쉬라고 하셨어요.
Yīshēng ràng wǒ xiūxi jǐ tiān.

✳ 吃不完 다 못 먹다(가능보어)

太多了，我吃不完。 너무 많아서 다 못 먹겠어요.
Tài duō le, wǒ chī bu wán.

• 대화 속 빈칸을 채우세요.

A 你怎么不下班?
　　Nǐ zěnme bú xiàbān?

B 老板 _____ 我加班。
　　Lǎobǎn _____ wǒ jiābān.

A 几点能做完?
　　Jǐ diǎn néng zuò wán?

B 工作太多了，我觉得今天 _____ 。
　　Gōngzuò tài duō le, wǒ juéde jīntiān _____.

✳ 一···就··· ~하자마자 곧, ~하다

我最近一下班就去学做菜。 나는 요즘 퇴근하자마자 요리를 배우러 가요.
Wǒ zuìjìn yí xiàbān jiù qù xué zuò cài.

✳ 无论A还是B，都··· A이든 B이든 관계없이 모두 ~하다

无论是韩国菜还是中国菜，我都很拿手。 한식이든 중식이든 다 자신있어요.
Wúlùn shì Hánguó cài háishi Zhōngguó cài, wǒ dōu hěn náshǒu.

• 대화 속 빈칸을 채우세요.

A 儿子，收到大学录取通知书以后你想做什么?
　　Érzi, shōudào dàxué lùqǔ tōngzhīshū yǐhòu nǐ xiǎng zuò shénme?

B 我想 _____ 收到大学录取通知书 _____ 去旅行。
　　Wǒ xiǎng _____ shōudào dàxué lùqǔ tōngzhīshū _____ qù lǚxíng.

A 你想去哪儿?
　　Nǐ xiǎng qù nǎr?

B _____ 亚洲 _____ 欧洲，我 _____ 想去。
　　_____ Yàzhōu _____ Ōuzhōu, wǒ _____ xiǎng qù.

❋ **吃不了** 먹을 수 없다(가능보어)

我的牙龈很疼，**吃不了**东西。 나는 잇몸이 아파서 음식을 먹지 못해요.
Wǒ de yáyín hěn téng, chī bu liǎo dōngxi.

❋ **千万…** 제발, 부디

千万别忘了拿吸管。 빨대 가져오는 거 절대 잊지 마세요.
Qiānwàn bié wàng le ná xīguǎn.

• 대화 속 빈칸을 채우세요.

A 儿子，你在哪儿？
　　Érzi, nǐ zài nǎr?

B 我十分钟以后能到家。
　　Wǒ shí fēnzhōng yǐhòu néng dào jiā.

A 回来的时候，＿＿＿＿＿ 忘了买一瓶油。
　　Huílái de shíhou, ＿＿＿＿＿ wàng le mǎi yì píng yóu.

B 这个时间超市已经关门了，＿＿＿＿＿ 东西。
　　Zhè ge shíjiān chāoshì yǐjīng guānmén le, ＿＿＿＿＿ dōngxi.

memo

＊

회사에
온 지 거의 8년
됐어요.

원어민MP3 듣기

我来公司差不多八年了。
Wǒ lái gōngsī chàbuduō bā nián le.

✳ **주요 표현**

- 회사에 온 지 거의 8년 됐어요.
- 나에게 돈 좀 빌려주세요.

✳ **핵심 어법**

- 시량보어
- 이중목적어

회화의 토대는 어법

Ⓐ 你来公司多长时间了? 너는 회사에 온 지 얼마나 됐어?

Nǐ lái gōngsī duō cháng shíjiān le?

Ⓑ 我来公司差不多八年了。 회사에 온 지 거의 8년 됐어.

Wǒ lái gōngsī chàbuduō bā nián le.

Ⓐ 你不厌倦吗? 싫증나지 않아?

Nǐ bú yànjuàn ma?

Ⓑ 所以我最近打算换工作。 그래서 나 요즘 회사를 옮기려고 해.

Suǒyǐ wǒ zuìjìn dǎsuàn huàn gōngzuò.

우리말의 '그녀는 졸업한 지 10년이 되었어요.'에서 '10년'은 '졸업을 하다'라는 상황이 일어나고 나서 시간이 얼마나 흘렀는지(경과)를 나타내고 있어요. 이처럼 순간적으로 발생하는 동작 동사 뒤에 쓰인 시량보어는 그 동작이 끝난 시점부터 화자가 말하고 있는 시점까지 경과한 시간을 나타내요. 이때 어기조사 了는 시량보어 뒤에 와요.

WORDS

差不多 chàbuduō 및 거의
厌倦 yànjuàn 통 물리다, 싫증나다
家乡 jiāxiāng 명 고향
会议 huìyì 명 회의

✳ 교체 연습 _____ TRACK 132

주어 + 동사 + 시량보어 + 了。

我	来公司	八年	了
我	到北京	三年	了
姐姐	离开家乡	六个月	了
会议	结束	一个小时	了

B 姐，你借我一点儿钱吧。 언니, 나 돈 좀 빌려줘.

Jiě, nǐ jiè wǒ yìdiǎnr qián ba.

C 你的工资呢？ 너의 급여는?

Nǐ de gōngzī ne?

B 还没发工资呢。 아직 급여 안 받았어.

Hái méi fā gōngzī ne.

C 好吧，那我明晚给你五十万吧。 알았어. 그럼 내가 내일 저녁에 50만원 줄게.

Hǎo ba, nà wǒ míngwǎn gěi nǐ wǔshí wàn ba.

한 개의 동사가 목적어를 두 개 취하는 동사를 '이중목적어'라고 해요. 즉, 동사 뒤에 사람·사물을 나타내는 간접목적어와 사물을 나타내는 직접목적어가 연달아와요.

❋ Tip

주로 쓰이는 동사

送 sòng 선물하다	找 zhǎo 거슬러 주다	教 jiāo 가르쳐 주다
问 wèn 묻다	告诉 gàosu 알려 주다	还 huán 돌려주다

WORDS

借 jiè 통 빌려주다
发 fā 통 내주다
秘密 mìmì 명 비밀
还 huán 통 돌려주다
找 zhǎo 통 거슬러 주다
零钱 língqián 명 잔돈

❋ 교체 연습 _____ TRACK 134

주어 ＋ 동사 ＋ 간접목적어 ＋ 직접목적어 。

你	借	我	一点儿钱吧
我	告诉	他	一个秘密
我	还	图书馆	三本书
服务员	找	我	零钱

A 你来公司多长时间了?
Nǐ lái gōngsī duō cháng shíjiān le?

B 我来公司差不多八年了。
Wǒ lái gōngsī chàbuduō bā nián le.

A 你不厌倦吗?
Nǐ bú yànjuàn ma?

B 所以我最近打算换工作。
Suǒyǐ wǒ zuìjìn dǎsuàn huàn gōngzuò.

换工作后
huàn gōngzuò hòu

B 姐，你借我一点儿钱吧。
Jiě, nǐ jiè wǒ yìdiǎnr qián ba.

C 你的工资呢?
Nǐ de gōngzī ne?

B 还没发工资呢。
Hái méi fā gōngzī ne.

C 好吧，那我明晚给你五十万吧。
Hǎo ba, nà wǒ míngwǎn gěi nǐ wǔshí wàn ba.

해석

A 너는 회사에 온 지 얼마나 됐어?

B 회사에 온 지 거의 8년 됐어.

A 싫증나지 않아?

B 그래서 나 요즘 회사를 옮기려고 해.

(회사를 옮긴 후)

B 언니, 나 돈 좀 빌려줘.

C 너의 급여는?

B 아직 급여 안 받았어.

C 알았어. 그럼 내가 내일 저녁에 50만원 줄게.

✳ 실전같이 **말하기**

 你已经结婚了？
Nǐ yǐjīng jiéhūn le?

是啊，我已经 _____ 三年多 _____ 。
Shì a, wǒ yǐjīng _____ sān nián duō _____ .

 你们是怎么认识的？
Nǐmen shì zěnme rènshi de?

她是我的家教老师，她 _____ 我汉语。
Tā shì wǒ de jiājiào lǎoshī, tā _____ wǒ Hànyǔ.

WORDS

家教 jiājiào ⑲ 과외

듣기 1

녹음을 듣고 사진과 일치하면 ○, 일치하지 않으면 X를 표시하세요.　　TRACK 138

(1) 　(2) 　(3)

듣기 2

녹음을 듣고 질문에 알맞은 답을 고르세요.　　TRACK 139

(1) 他们谈几年了?

Ⓐ 一年　　　　Ⓑ 两年　　　　Ⓒ 三年

(2) 女的想什么时候结婚?

Ⓐ 两年以后　　Ⓑ 今年　　　　Ⓒ 明年

 읽기 1

주요 표현의 쓰임새에 주의하며 문장을 소리 내어 읽어보세요.　　TRACK 140

(1) 姐姐离开家乡六个月了。
Jiějie líkāi jiāxiāng liù ge yuè le.

(2) 会议结束一个小时了。
Huìyì jiéshù yí ge xiǎoshí le.

(3) 服务员找我零钱。
Fúwùyuán zhǎo wǒ língqián.

(4) 我告诉他一个秘密。
Wǒ gàosu tā yí ge mìmì.

124

읽기 2 문장 구조에 주의하며 끊어 읽어보세요.　　　　　TRACK 141

(1) 你借我 / 一点儿钱 / 吧。

(2) 你来公司 / 多长时间了?

(3) 所以 / 我最近 / 打算换工作。

쓰기 1 다음 빈칸에 들어갈 중국어와 한어병음을 써 보세요.

　　　　　　　　　　　　　　　　　　　　　중국어　　　　　한어병음

(1) ＿＿＿＿＿ 已经结束了。

회의는 이미 끝났다.　　　　　　　　　＿＿＿＿＿＿　　＿＿＿＿＿＿

(2) 这是我和同事的 ＿＿＿＿＿ 。

이것은 나와 동료의 비밀이다.　　　　　＿＿＿＿＿＿　　＿＿＿＿＿＿

(3) 服务员还没找我 ＿＿＿＿＿ 。

종업원이 아직 나에게 잔돈을 거슬러 주지 않았다.　＿＿＿＿＿＿　　＿＿＿＿＿＿

쓰기 2 다음 어휘를 어순에 맞게 배열하여 문장을 완성하세요.

(1) 面试 / 他 / 时间 / 我告诉

→ ＿＿＿＿＿＿＿＿＿＿＿＿＿＿＿＿＿＿＿＿＿＿

(2) 星期 / 他 / 了 / 一个 / 离开

→ ＿＿＿＿＿＿＿＿＿＿＿＿＿＿＿＿＿＿＿＿＿＿

(3) 女朋友 / 一件 / 我 / 想 / 衣服 / 送

→ ＿＿＿＿＿＿＿＿＿＿＿＿＿＿＿＿＿＿＿＿＿＿

🔊 그림을 보고 괄호 안의 표현을 참고하여 대화를 완성하세요.　　　　TRACK 142

(1)

男　你为什么买这个礼物?

　　Nǐ wèishénme mǎi zhè ge lǐwù?

女　我要 ＿＿＿＿＿＿＿＿＿＿＿＿＿ 。　送

　　Wǒ yào ＿＿＿＿＿＿＿＿＿＿＿＿＿ .

(2)

女　你的钱都花光了吗?

　　Nǐ de qián dōu huā guāng le ma?

男　没有，我 ＿＿＿＿＿＿＿＿＿＿＿＿＿ 。　借

　　Méiyǒu, wǒ ＿＿＿＿＿＿＿＿＿＿＿＿＿ .

(3)

男　你大学毕业了吗?

　　Nǐ dàxué bìyè le ma?

女　当然，我 ＿＿＿＿＿＿＿＿＿＿＿＿＿ 。　三年

　　Dāngrán, wǒ ＿＿＿＿＿＿＿＿＿＿＿＿＿ .

+ Plus Page 여행 표현

TRACK 143

客人　请问，化妆品柜台在哪儿?

Qǐngwèn, huàzhuāngpǐn guìtái zài nǎr?

말씀 좀 여쭙겠습니다. 화장품 판매대는 어디인가요?

服务员　**在一楼扶梯旁边。**

Zài yī lóu fútī pángbiān.

1층 에스컬레이터 옆입니다.

客人　有比这个颜色更浅一点儿的吗?

Yǒu bǐ zhè ge yánsè gèng qiǎn yìdiǎnr de ma?

이것보다 조금 더 옅은 색이 있나요?

服务员　**有，您试一下这个。**

Yǒu, nín shì yíxià zhè ge.

있어요. 이거 한번 사용해보세요.

WORDS

化妆品 huàzhuāngpǐn 명 화장품 　　柜台 guìtái 명 판매대 　　扶梯 fútī 명 에스컬레이터
浅 qiǎn 형 (색이) 연하다

+PLUS

大卖场 dàmàichǎng 명 대형 할인 마트 　　快闪店 kuài shǎn diàn 팝업 스토어 　　数码港 shùmǎgǎng 명 전자 상가

하마터면
물건을 잃어버릴
뻔했어요.

원어민MP3 듣기

✳ 주요 표현

• 그의 휴대 전화가 계속 꺼져 있어요.

• 하마터면 물건을 잃어버릴 뻔했어요.

✳ 핵심 어법

• 동태조사 着(동작/상태 지속)

• 부사 差点儿

✳ 회화의 토대는 **어법**

Ⓐ **他的手机一直关着。** 그의 휴대 전화가 계속 꺼져 있어.
Tā de shǒujī yìzhí guān zhe.

Ⓒ **听说他去旅行了。**
Tīngshuō tā qù lǚxíng le.
듣기로 그는 여행 갔대.

Ⓐ **他不开漫游吗?** 그는 로밍을 안 한 거야?
Tā bù kāi mànyóu ma?

Ⓒ **他说国际漫游太贵了。** 그는 국제로밍이 비싸다고 그랬대.
Tā shuō guójì mànyóu tài guì le.

어떤 상태가 계속 지속될 때 동사 뒤에 동태조사 **着**를 써서 표현해요.
동작 또는 상태의 지속을 나타내기 때문에 진행형과는 다소 차이가 있
어요.

WORDS

一直 yìzhí ④ 줄곧
关 guān ⑧ 끄다, 닫다
着 zhe ㉧ 동작의 상태나 지속을
나타냄
开 kāi ⑧ 켜다, 열다
漫游 mànyóu ⑧ 로밍
空调 kōngtiáo ⑲ 에어컨
整天 zhěngtiān ⑲ 온종일
客厅 kètīng ⑲ 거실
俩 liǎ ⑳ 두 사람
站 zhàn ⑧ 서다

✳ 교체 연습   TRACK 145

주어 + 부사/전치사구 + 동사 + 着 。

手机	一直	关	着
空调	整天	开	着
奶奶	在客厅里	坐	着
他们俩	在走廊	站	着

130

A 这次旅行玩儿得怎么样? 이번 여행은 어땠어?
Zhè cì lǚxíng wánr de zěnmeyàng?

B 玩儿得挺好，不过东西差点儿丢了。
Wánr de tǐng hǎo, búguò dōngxi chà diǎnr diū le.
재미는 있었는데, 하마터면 물건을 잃어버릴 뻔했어.

A 发生什么事了? 무슨 일이 있었어?
Fāshēng shénme shì le?

B 退房的时候，我没拿平板电脑。 퇴실할 때, 태블릿 PC를 안 가지고 나왔어.
Tuìfáng de shíhou, wǒ méi ná píngbǎn diànnǎo.

우리말의 '하마터면 지각할 뻔 했다.', '하마터면 넘어질 뻔 했다.'와 같이
어떠한 일이 발생되려다가 다행히도 일어나지 않았을 때 부사 差点儿
을 써서 나타내요.

WORDS

挺 tǐng 튀 매우
差点儿 chà diǎnr 튀 하마터면
丢 diū 동 잃어버리다
事 shì 명 일
平板电脑 píngbǎn diànnǎo
명 태블릿 PC
撞车 zhuàngchē 동 차가 충돌하다
机票 jīpiào 명 비행기표
小孩儿 xiǎoháir 명 어린이
摔倒 shuāidǎo 동 넘어지다

✳ **교체 연습** _____ TRACK 147

주어 + 差点儿 + 일어나지 않은 상황 + 了 。

东西	差点儿	丢	了
我	差点儿	撞车	了
我	差点儿	忘带机票	了
小孩儿	差点儿	摔倒	了

A 他的手机一直关着。
　Tā de shǒujī yìzhí guān zhe.

C 听说他去旅行了。
　Tīngshuō tā qù lǚxíng le.

A 他不开漫游吗?
　Tā bù kāi mànyóu ma?

C 他说国际漫游太贵了。
　Tā shuō guójì mànyóu tài guì le.

旅行回来后
lǚxíng huílái hòu

A 这次旅行玩儿得怎么样?
　Zhè cì lǚxíng wánr de zěnmeyàng?

B 玩儿得挺好，不过东西差点儿丢了。
　Wánr de tǐng hǎo, búguò dōngxi chà diǎnr diū le.

A 发生什么事了?
　Fāshēng shénme shì le?

B 退房的时候，我没拿平板电脑。
　Tuìfáng de shíhou, wǒ méi ná píngbǎn diànnǎo.

해석

A 그의 휴대 전화가 계속 꺼져 있어.

C 듣기로 그는 여행 갔대.

A 그는 로밍을 안 한 거야?

C 그는 국제로밍이 비싸다고 그랬대.

(여행에서 돌아온 후)

A 이번 여행은 어땠어?

B 재미는 있었는데, 하마터면 물건을 잃어버릴 뻔했어.

A 무슨 일이 있었어?

B 퇴실할 때, 태블릿 PC를 안 가지고 나왔어.

✳ 실전같이 **말하기**

喂，你在哪儿?
Wéi, nǐ zài nǎr?

我在家里躺 _____ 呢，怎么了?
Wǒ zài jiā li tǎng _____ ne, zěnme le?

今天有课，你怎么还没来?
Jīntiān yǒu kè, nǐ zěnme hái méi lái?

哎呀，我 _____ 忘了，我以为今天是周六。
Āiyā, wǒ _____ wàng le, wǒ yǐwéi jīntiān shì zhōuliù.

WORDS

躺 tǎng 동 눕다   哎呀 āiyā 감탄 아이고[원망·불만·아쉬움 따위의 감정을 나타냄]

연습은 실전같이!

녹음을 듣고 사진과 일치하면 〇, 일치하지 않으면 X를 표시하세요.

TRACK 151

(1)

(2)

(3)

녹음을 듣고 질문에 알맞은 답을 고르세요.

TRACK 152

(1) 男的怎么了?

Ⓐ 已经摔倒了　　Ⓑ 手机差点儿摔了　　Ⓒ 差点儿摔倒了

(2) 男的在路上做什么了?

Ⓐ 看手机了　　Ⓑ 买东西了　　Ⓒ 喝咖啡了

주요 표현의 쓰임새에 주의하며 문장을 소리 내어 읽어보세요.

TRACK 153

(1) 奶奶在客厅里坐着。
Nǎinai zài kètīng li zuò zhe.

(2) 他们俩在走廊站着。
Tāmen liǎ zài zǒuláng zhàn zhe.

(3) 我差点儿忘带机票了。
Wǒ chà diǎnr wàng dài jīpiào le.

(4) 小孩儿差点儿摔倒了。
Xiǎoháir chà diǎnr shuāidǎo le.

문장 구조에 주의하며 끊어 읽어보세요.　　　　　　　　**TRACK 154**

(1) 他说 / 国际漫游 / 太贵了。

(2) 这次旅行 / 玩儿得 / 怎么样?

(3) 退房的时候，/ 我没拿 / 平板电脑。

다음 빈칸에 들어갈 중국어와 한어병음을 써 보세요.

	중국어	한어병음

(1) 我差点儿 ▨▨▨ 了。

나는 하마터면 차 사고가 날 뻔했다.

_____　_____

(2) 他 ▨▨▨ 在家玩儿。

그는 온종일 집에서 논다.

_____　_____

(3) 他 ▨▨▨ 在家玩儿电脑游戏。

그는 줄곧 집에서 컴퓨터 오락을 한다.

_____　_____

다음 어휘를 어순에 맞게 배열하여 문장을 완성하세요.

(1) 一本 / 桌子上 / 着 / 书 / 放

→ _____

(2) 约会 / 迟到了 / 差点儿 / 今天

→ _____

(3) 着 / 在 / 我朋友 / 坐 / 图书馆 / 一直

→ _____

연습은 실전같이!

말하기   그림을 보고 괄호 안의 표현을 참고하여 대화를 완성하세요.   **TRACK 155**

(1)

男 你怎么了？感冒了吗？

     Nǐ zěnme le? Gǎnmào le ma?

女 是啊，昨天睡觉的时候，_____。着

     Shì a, zuótiān shuìjiào de shíhou, _____ .

(2)

男 您的手机还在那儿。

     Nín de shǒujī hái zài nàr.

女 谢谢，我_____。差点儿

     Xièxie, wǒ _____ .

(3)

男 现在几点？我得去银行。

     Xiànzài jǐ diǎn? Wǒ děi qù yínháng.

女 快去吧。_____。着

     Kuài qù ba. _____ .

+ Plus Page 여행 표현

客人　这件衣服可以试吗?

Zhè jiàn yīfu kěyǐ shì ma?

이 옷을 입어봐도 되나요?

服务员　当然可以，试衣间在那边。

Dāngrán kěyǐ, shìyījiān zài nà biān.

당연하죠. 탈의실은 저쪽이에요.

客人　这双鞋我穿有点儿大，有没有小一点儿的?

Zhè shuāng xié wǒ chuān yǒudiǎnr dà, yǒu méiyǒu xiǎo yìdiǎnr de?

이 신발은 제가 신기에 조금 큰 거 같아요. 좀 작은 거 있나요?

服务员　不好意思，小一号的卖完了。

Bù hǎoyìsi, xiǎo yí hào de mài wán le.

죄송하지만, 작은 사이즈는 다 판매되었어요.

WORDS

试衣间 shìyījiān 몡 탈의실　　　　号 hào 몡 사이즈

+PLUS

肥 féi 혱 (옷이) 크다　　　　瘦 shòu 혱 (옷이) 작다　　　　标签 biāoqiān 몡 상표

购物袋 gòuwùdài 쇼핑백　　　退货 tuìhuò 됭 반품하다　　　退款 tuìkuǎn 됭 환불하다

＊

선물을 집에 놓고 와서, 사진으로 보여 줄게요.

我把它放在家里了，
Wǒ bǎ tā fàng zài jiā li le,

我给你看照片。
wǒ gěi nǐ kàn zhàopiàn.

✳ 주요 표현

- 곧 춘절이에요. 당신은 어떻게 보낼 거예요?
- 선물을 집에 놓고 와서, 사진으로 보여 줄게요.

✳ 핵심 어법

- 快…了
- 把자문(처치문)

✳ 회화의 토대는 **어법**

A 快春节了，你怎么过?

Kuài Chūn Jié le, nǐ zěnme guò?

곧 춘절이야. 너는 어떻게 보낼 거야?

B 我打算回国。 나는 귀국할 계획이야.

Wǒ dǎsuàn huíguó.

A 你准备买什么礼物? 너는 어떤 선물을 준비할 거야?

Nǐ zhǔnbèi mǎi shénme lǐwù?

B 我要买韩国的特产。 나는 한국 특산품을 사가려고 해.

Wǒ yào mǎi Hánguó de tèchǎn.

우리말의 '곧 6시다.', '곧 봄이다.'와 같이 시간이 임박했음을 나타낼 때에는 '곧 ~이다'는 의미의 快…了로 표현해요. 快와 了 사이에는 시간이나 계절을 나타내는 명사나 형용사가 쓰여요.

WORDS

快…了 kuài…le 곧, 머지않아
春节 Chūn Jié 몡 춘절
特产 tèchǎn 몡 특산품
暑假 shǔjià 몡 여름방학
天 tiān 몡 날, 일

✳ **교체 연습** _____ TRACK 158

주어 + 快 + 명사/형용사/동사 + 了 。
　　　　　　　시간, 계절

	快	春节	了
	快	暑假	了
他	快	毕业	了
天	快	黑	了

Ⓐ 你买好礼物了吗? 너 선물은 다 샀어?

Nǐ mǎi hǎo lǐwù le ma?

Ⓑ 我给妈妈买了一套韩服。 나는 엄마께 드릴 한복을 한 벌 샀어.

Wǒ gěi māma mǎi le yí tào hánfú.

Ⓐ 哇! 真的，什么样的? 와! 진짜? 어떤 모양이야?

Wā! Zhēn de, shénme yàng de?

Ⓑ 我把它放在家里了，我给你看照片。

Wǒ bǎ tā fàng zài jiā li le, wǒ gěi nǐ kàn zhàopiàn.

선물을 집에 놓고 와서, 사진으로 보여 줄게.

동사 뒤에 나오는 목적어를 전치사 把를 사용해서 동사 앞으로 가져와 목적어(특정 대상)를 어떻게 처치했는지 강조하고자 하는 의도를 나타내는 문장을 '처치문' 또는 전치사 把를 사용하여 '把자문'이라고 해요. 부정부사, 부사 혹은 조동사는 把 앞에 위치해요.

WORDS

套 tào 양 세트를 세는 단위
韩服 hánfú 명 한복
把 bǎ 전 ~을, 를
它 tā 대 그, 그것[사람 이외의 것을 말함]
放 fàng 동 놓다
消息 xiāoxi 명 소식
快递 kuàidì 명 택배, 속달
打开 dǎkāi 동 열다

✳ **교체 연습** _____ TRACK **160**

주어	+	把	+	목적어 특정 대상	+	동사	+	처치 결과	。
我		把		它		放		在家里了	
我		把		这个消息		告诉		他了	
老板		把		客人		送		到了机场	
妹妹		把		快递		打		开了	

A 快春节了，你怎么过？
　　Kuài Chūn Jié le, nǐ zěnme guò?

B 我打算回国。
　　Wǒ dǎsuàn huíguó.

A 你准备买什么礼物？
　　Nǐ zhǔnbèi mǎi shénme lǐwù?

B 我要买韩国的特产。
　　Wǒ yào mǎi Hánguó de tèchǎn.

几天后中午吃饭的时候
jǐ tiān hòu zhōngwǔ chīfàn de shíhou

A 你买好礼物了吗？
　　Nǐ mǎi hǎo lǐwù le ma?

B 我给妈妈买了一套韩服。
　　Wǒ gěi māma mǎi le yí tào hánfú.

A 哇！真的，什么样的？
　　Wā!   Zhēn de, shénme yàng de?

B 我把它放在家里了，我给你看照片。
　　Wǒ bǎ tā fàng zài jiā li le, wǒ gěi nǐ kàn zhàopiàn.

해석

A 곧 춘절이야. 너는 어떻게 보낼 거야?

B 나는 귀국할 계획이야.

A 너는 어떤 선물을 준비할 거야?

B 나는 한국 특산품을 사가려고 해.

(며칠 후 점심을 먹을 때)

A 너 선물은 다 샀어?

B 나는 엄마께 드릴 한복을 한 벌 샀어.

A 와! 진짜? 어떤 모양이야?

B 선물을 집에 놓고 와서, 사진으로 보여 줄게.

실전같이 말하기

_____ 六点 _____ ， 准备下班吧。
_____ liù diǎn _____ , zhǔnbèi xiàbān ba.

等等我，我得 _____ 资料 _____ 到会议室里。
Děngdeng wǒ, wǒ děi _____ zīliào _____ dào huìyìshì li.

我在哪儿等你?
Wǒ zài nǎr děng nǐ?

在这儿等我吧。
Zài zhèr děng wǒ ba.

WORDS

会议室 huìyìshì 명 회의실

연습은 실전같이!

듣기 1
녹음을 듣고 사진과 일치하면 ○, 일치하지 않으면 X를 표시하세요.
TRACK 164

(1)

(2)

(3)

듣기 2
녹음을 듣고 질문에 알맞은 답을 고르세요.
TRACK 165

(1) 女的怎么了?

   Ⓐ 很生气　　　　Ⓑ 很高兴　　　　Ⓒ 很紧张

(2) 女的为什么生气?

   Ⓐ 快递还没到　　Ⓑ 妹妹出去了　　Ⓒ 妹妹把衣服穿出去了

읽기 1
주요 표현의 쓰임새에 주의하며 문장을 소리 내어 읽어보세요.
TRACK 166

(1) 快暑假了。
　　Kuài shǔjià le.

(2) 天快黑了。
　　Tiān kuài hēi le.

(3) 妹妹把快递打开了。
　　Mèimei bǎ kuàidì dǎkāi le.

(4) 老板把客人送到了机场。
　　Lǎobǎn bǎ kèrén sòng dào le jīchǎng.

읽기 2 문장 구조에 주의하며 끊어 읽어보세요. TRACK 167

(1) 我要买 / 韩国的 / 特产。

(2) 快 / 春节了, / 你 / 怎么过?

(3) 我给妈妈 / 买了 / 一套韩服。

쓰기 1 다음 빈칸에 들어갈 중국어와 한어병음을 써 보세요.

	중국어	한어병음

(1) 这是我老家的 ＿＿＿＿＿ 。
이것은 우리 고향 특산품이다.

(2) 你下班以后把 ＿＿＿＿＿ 打开吧。
네가 퇴근한 후에 택배를 뜯자.

(3) 她听到这个 ＿＿＿＿＿ 就生气了。
그녀는 이 소식을 듣고, 바로 화를 냈다.

쓰기 2 다음 어휘를 어순에 맞게 배열하여 문장을 완성하세요.

(1) 电视 / 我 / 了 / 关上 / 把

→ ＿＿＿＿＿＿＿＿＿＿＿＿＿＿＿＿＿＿＿

(2) 弟弟 / 了 / 毕业 / 我的 / 快

→ ＿＿＿＿＿＿＿＿＿＿＿＿＿＿＿＿＿＿＿

(3) 在哪儿 / 放 / 把 / 了 / 耳机 / 你

→ ＿＿＿＿＿＿＿＿＿＿＿＿＿＿＿＿＿＿＿

연습은 실전같이!

🔊 **말하기** 그림을 보고 괄호 안의 표현을 참고하여 대화를 완성하세요. TRACK 168

(1)

男 家里怎么这么热？
　　Jiā li zěnme zhème rè?

女 是吗？那你 _____ 。 把
　　Shì ma? Nà nǐ _____ .

(2)

男 你周末打算去哪儿？
　　Nǐ zhōumò dǎsuàn qù nǎr?

女 _____ ，我去公园散步。 快…了
　　_____ , wǒ qù gōngyuán sànbù.

(3)

女 你要去骑自行车吗？
　　Nǐ yào qù qí zìxíngchē ma?

男 不，我 _____ 。 把
　　Bù, wǒ _____ .

146

+ Plus Page 여행 표현

客人 我想送礼，帮我推荐一个吧。
Wǒ xiǎng sònglǐ, bāng wǒ tuījiàn yí ge ba.

저는 선물을 하고 싶은데요. 추천 좀 하나 해주세요.

服务员 这是云南的普洱茶，您可以闻一下。
Zhè shì Yúnnán de pǔ'ěrchá, nín kěyǐ wén yíxià.

이것은 운남성 보이차인데요. 향을 한번 맡아보세요.

服务员 这个茶，您想要多少?
Zhè ge chá, nín xiǎng yào duōshao?

이 차를 얼마나 원하시나요?

客人 给我来半斤，分两个盒装。
Gěi wǒ lái bàn jīn, fēn liǎng ge hé zhuāng.

반 근만 두 개의 상자에 나눠서 포장해주세요.

WORDS

送礼 sònglǐ 통 선물을 보내다   云南 Yúnnán 고유 윈난[지명]   普洱茶 pǔ'ěrchá 명 보이차

闻 wén 통 냄새를 맡다   盒 hé 명 상자   装 zhuāng 통 (상품을) 포장하다

+PLUS

包装盒 bāozhuānghé 포장용 박스   说明书 shuōmíngshū 명 설명서   茶叶 cháyè 명 찻잎

茶壶 cháhú 명 찻주전자   茶杯 chábēi 명 찻잔

*

나가서
달리는 것보다,
집에서 요가를
하는 것이 나아요.

出去跑步不如在家做瑜伽。
Chūqù pǎobù bùrú zài jiā zuò yújiā.

원어민MP3 듣기

❋ **주요 표현**

- 보기에도 예쁠 뿐만 아니라, 게다가 공기 정화도 돼요.
- 나가서 달리는 것보다, 집에서 요가를 하는 것이 나아요.

❋ **핵심 어법**

- 접속사 不但…而且…
- 비교의 A不如B

Ⓐ 空气真差! 공기 정말 안 좋다!

Kōngqì zhēn chà!

Ⓑ 是啊，最近雾霾太严重了。 맞아, 최근 미세 먼지가 정말 심각해.

Shì a, zuìjìn wùmái tài yánzhòng le.

Ⓐ 我想在家养植物。

Wǒ xiǎng zài jiā yǎng zhíwù.
나 집에서 식물을 키우고 싶어.

Ⓑ 好办法，不但好看，而且能净化空气。

Hǎo bànfǎ, búdàn hǎokàn, érqiě néng jìnghuà kōngqì.
좋은 방법이야. 보기에도 예쁠 뿐만 아니라, 게다가 공기 정화도 되지.

우리말의 '그녀는 요리를 할 줄 알 뿐만 아니라 게다가 맛있게 만든다.'
와 같이 어떤 상황이 더 심화되거나 첨가됨을 표현하며 점층적 열거를
할 때에는 '~할 뿐만 아니라, 또(게다가) ~하다'라는 의미의 접속사 不
但…而且…로 표현해요.

WORDS

空气 kōngqì 명 공기
差 chà 형 좋지 않다, 나쁘다
雾霾 wùmái 명 미세 먼지
植物 zhíwù 명 식물
办法 bànfǎ 명 방법
不但…而且… búdàn…érqiě…
집 ~뿐만 아니라 게다가
净化 jìnghuà 동 정화하다
中文 Zhōngwén 명 중국어
签证 qiānzhèng 명 비자
换钱 huànqián 동 환전하다

✳ **교체 연습** _____ TRACK 171

주어 + 不但 + 기본 상황, + 而且 + 점층된 상황 。

植物	不但	好看,	而且	能净化空气
他	不但	会唱中文歌,	而且	唱得很好听
我明天	不但	要去办签证,	而且	还要去换钱
这个房子	不但	便宜,	而且	离公司很近

A 嗓子好疼啊! 목이 정말 아파!

Sǎngzi hǎo téng a!

B 空气净化器已经打开了。 공기 청정기는 이미 틀었어.

Kōngqì jìnghuàqì yǐjīng dǎkāi le.

A 这样的天气，出去跑步不如在家做瑜伽。

Zhèyàng de tiānqì, chūqù pǎobù bùrú zài jiā zuò yújiā.

이런 날씨에는 나가서 달리는 것보다, 집에서 요가를 하는 것이 나아.

B 是啊，从明天开始，我们做室内运动吧。

Shì a, cóng míngtiān kāishǐ, wǒmen zuò shìnèi yùndòng ba.

그래, 내일부터 우리 실내 운동하자.

우리말의 '술 마시러 나가느니 차라리 집에서 자는 게 낫다.'와 같이 두 가지 상황을 놓고 비교할 경우 'A보다 B가 낫다'는 의미의 동사 不如를 사용하여 A不如B로 표현해요. A와 B에는 비교 내용 외에도 사람 또는 사물을 넣어서 비교할 수도 있어요.

WORDS

嗓子 sǎngzi 명 목구멍
空气净化器 kōngqì jìnghuàqì
명 공기청정기
不如 bùrú 동 ~만 못하다,
~하는 편이 낫다
瑜伽 yújiā 명 요가
室内 shìnèi 명 실내
自己 zìjǐ 부 스스로, 혼자
发型 fàxíng 명 헤어스타일

* **교체 연습** _____ **TRACK 173**

A 상황/대상	+ 不如 +	B 。 상황/대상
出去跑步	不如	在家做瑜伽
自己做饭	不如	叫外卖
他的手机	不如	我的
我的发型	不如	她的

A 空气真差！
Kōngqì zhēn chà!

B 是啊，最近雾霾太严重了。
Shì a, zuìjìn wùmái tài yánzhòng le.

A 我想在家养植物。
Wǒ xiǎng zài jiā yǎng zhíwù.

B 好办法，不但好看，而且能净化空气。
Hǎo bànfǎ, búdàn hǎokàn, érqiě néng jìnghuà kōngqì.

A一边进来一边说话
A yìbiān jìnlái yìbiān shuōhuà

A 嗓子好疼啊！
Sǎngzi hǎo téng a!

B 空气净化器已经打开了。
Kōngqì jìnghuàqì yǐjīng dǎkāi le.

A 这样的天气，出去跑步不如在家做瑜伽。
Zhèyàng de tiānqì, chūqù pǎobù bùrú zài jiā zuò yújiā.

B 是啊，从明天开始，我们做室内运动吧。
Shì a, cóng míngtiān kāishǐ, wǒmen zuò shìnèi yùndòng ba.

해석

A 공기 정말 안 좋다!

B 맞아, 최근 미세 먼지가 정말 심각해.

A 나 집에서 식물을 키우고 싶어.

B 좋은 방법이야. 보기에도 예쁠 뿐만 아니라, 게다가 공기 정화도 되지.

(A가 밖에서 들어오면서 말을 한다)

A 목이 정말 아파!

B 공기 청정기는 이미 틀었어.

A 이런 날씨에는 나가서 달리는 것보다, 집에서 요가를 하는 것이 나아.

B 그래, 내일부터 우리 실내 운동하자.

听说你打算搬家。

Tīngshuō nǐ dǎsuàn bānjiā.

是啊，现在的房子 _____ 贵， _____ 离公司很远。

Shì a, xiànzài de fángzi _____ guì, _____ lí gōngsī hěn yuǎn.

那你回家跟父母一起住吗？

Nà nǐ huíjiā gēn fùmǔ yìqǐ zhù ma?

跟父母一起住 _____ 我一个人住。

Gēn fùmǔ yìqǐ zhù _____ wǒ yí ge rén zhù.

연습은 *실전같이!*

듣기 1 녹음을 듣고 사진과 일치하면 〇, 일치하지 않으면 X를 표시하세요. **TRACK 177**

(1)

(2)

(3)

듣기 2 녹음을 듣고 질문에 알맞은 답을 고르세요. **TRACK 178**

(1) 男的为什么想去北京?

　　Ⓐ 北京很大　　　Ⓑ 天气很好　　　Ⓒ 好吃的很多

(2) 男的想什么时候去北京?

　　Ⓐ 春节　　　　　Ⓑ 暑假　　　　　Ⓒ 春天

읽기 1 주요 표현의 쓰임새에 주의하며 문장을 소리 내어 읽어보세요. **TRACK 179**

(1) 他不但会唱中文歌，而且唱得很好听。
　　Tā búdàn huì chàng Zhōngwén gē, érqiě chàng de hěn hǎotīng.

(2) 我明天不但要去办签证，而且还要去换钱。
　　Wǒ míngtiān búdàn yào qù bàn qiānzhèng, érqiě hái yào qù huànqián.

(3) 他的手机不如我的。
　　Tā de shǒujī bùrú wǒ de.

(4) 我的发型不如她的。
　　Wǒ de fàxíng bùrú tā de.

읽기 **2**　문장 구조에 주의하며 끊어 읽어보세요.　　　TRACK 180

(1) 我想 / 在家 / 养植物。

(2) 空气净化器 / 已经 / 打开了。

(3) 出去跑步 / 不如 / 在家 / 做瑜伽。

쓰기 **1**　다음 빈칸에 들어갈 중국어와 한어병음을 써 보세요.

　　　　　　　　　　　　　　　중국어　　　　　　한어병음

(1) 在 ▢▢▢ 千万别抽烟。
　　 실내에서 절대 흡연하지 마세요.　　　_____　_____

(2) ▢▢▢ 不好，别出去玩儿了。
　　 공기가 좋지 않으니, 나가서 놀지 말아라.　_____　_____

(3) 我明天出国，要去银行 ▢▢▢ 。
　　 나는 내일 출국해서, 은행에 가서 환전해야 한다.　_____　_____

쓰기 **2**　다음 어휘를 어순에 맞게 배열하여 문장을 완성하세요.

(1) 不如 / 吃 / 叫外卖 / 做饭 / 在家

→ _____

(2) 很有意思 / 不但 / 容易 / 汉语 / 而且

→ _____

(3) 很幽默 / 而且 / 这个学生 / 不但 / 很善良

→ _____

말하기 그림을 보고 괄호 안의 표현을 참고하여 대화를 완성하세요.　　　　**TRACK 181**

(1)

男　我起得太晚了，会迟到的。
　　Wǒ qǐ de tài wǎn le, huì chídào de.

女　现在堵车很厉害，＿＿＿＿＿＿＿＿＿＿＿＿。　不如
　　Xiànzài dǔchē hěn lìhai, ＿＿＿＿＿＿＿＿＿＿＿＿.

(2)

男　你会什么运动？
　　Nǐ huì shénme yùndòng?

女　我＿＿＿＿＿＿＿，＿＿＿＿＿＿＿。　不但…，而且…
　　Wǒ＿＿＿＿＿＿＿, ＿＿＿＿＿＿＿.

(3)

女　你怎么这么累？
　　Nǐ zěnme zhème lèi?

男　我每天＿＿＿＿＿＿＿，＿＿＿＿＿＿＿。　不但…，而且…
　　Wǒ měitiān ＿＿＿＿＿＿＿, ＿＿＿＿＿＿＿.

+ Plus Page 여행 표현

客人　**老板，一共多少钱？**
Lǎobǎn, yígòng duōshao qián?
사장님, 모두 얼마예요?

老板　**一共210块，就给我200块吧。**
Yígòng liǎngbǎi yīshí kuài, jiù gěi wǒ liǎngbǎi kuài ba.
모두 210위안인데, 200위안만 주세요.

客人　**老板，您好像找错钱了，少找我20块。**
Lǎobǎn, nín hǎoxiàng zhǎo cuò qián le, shǎo zhǎo wǒ èrshí kuài.
사장님, 잘못 거슬러 주신 거 같아요. 20위안 덜 주셨는데요.

老板　**对不起，我数错了，再给您20块。**
Duìbuqǐ, wǒ shǔ cuò le, zài gěi nín èrshí kuài.
죄송해요. 잘못 계산했네요. 20위안 다시 드릴게요.

WORDS

少 shǎo 〔동〕 모자라다, 부족하다　　数 shǔ 〔동〕 세다, 계산하다

+PLUS
硬币 yìngbì 〔명〕 동전　　纸币 zhǐbì 〔명〕 지폐

✳

다행히 작년 상여금이 남아서, 비로소 살 수 있었어요.

幸亏有去年的奖金，
Xìngkuī yǒu qùnián de jiǎngjīn,

才能买到。
cái néng mǎidào.

✳ **주요 표현**

- 월광족에게는 이미 많은 돈이에요.
- 다행히 작년 상여금이 남아서, 비로소 살 수 있었어요.

✳ **핵심 어법**

- 对…来说
- 부사 幸亏

TRACK 183

Ⓐ 今年的奖金太少了。 올해 상여금이 너무 적어.
Jīnnián de jiǎngjīn tài shǎo le.

Ⓑ 对一个月光族来说，已经很多了。
Duì yí ge yuèguāngzú lái shuō, yǐjīng hěn duō le.
월광족에게는 이미 많은 돈이야.

Ⓐ 你改改你的消费习惯吧。 너는 소비 습관을 좀 고쳐야 해.
Nǐ gǎigai nǐ de xiāofèi xíguàn ba.

Ⓑ 我改过，但是失败了。
Wǒ gǎi guo, dànshì shībài le.
고쳐봤지, 그런데 실패했어.

우리말의 '외국학생 입장에서 중국어를 배울 때 성조가 가장 어렵다.', '부모의 입장에서 자녀의 건강이 제일 중요하다.'와 같이 어떤 사람이나 상황에 대한 입장을 나타낼 때 对…来说로 표현해요.

WORDS

奖金 jiǎngjīn 명 상여금[보너스]
月光族 yuèguāngzú 고유 월광족
[한 달에 번 돈을 다 쓰는 사람을 일컫는 말]
改 gǎi 동 고치다
习惯 xíguàn 명 습관 동 습관이 되다
失败 shībài 동 실패하다
重要 zhòngyào 형 중요하다
外国人 wàiguórén 명 외국인
声调 shēngdiào 명 성조
留学生 liúxuéshēng 명 유학생
适应 shìyìng 동 적응하다
环境 huánjìng 명 환경

✳ 교체 연습 _____ **TRACK 184**

对	+ 대상/상황	+ 来说,	+ 입장 。

对	一个月光族	来说,	已经很多了
对	父母	来说,	孩子最重要
对	外国人	来说,	汉语声调很难
对	留学生	来说,	适应环境很难

A 下周就是节日了，爸妈的礼物你选好了吗?

Xiàzhōu jiù shì jiérì le, bà mā de lǐwù nǐ xuǎn hǎo le ma?

다음 주가 곧 명절이야. 부모님 선물 결정했어?

B 我给他们买了项链。 나는 목걸이 드리려고 샀어.

Wǒ gěi tāmen mǎi le xiàngliàn.

A 你有那么多钱吗? 너 돈이 그렇게 많아?

Nǐ yǒu nàme duō qián ma?

B 幸亏有去年的奖金，才能买到。

Xìngkuī yǒu qùnián de jiǎngjīn, cái néng mǎi dào.

다행히 작년 상여금이 남아서(있어서), 비로소 살 수 있었어.

幸亏는 '다행히'의 의미로 화자의 심적 판단이나 태도를 나타내는 어기 부사이며, 우연히 유리한 조건에 의해 나쁜 결과에 이르지 않았을 때 사용해요. 뒤에 주로 才 cái / 否则 fǒuzé 등의 부사와 같이 쓰여요.

WORDS

节日 jiérì 몡 명절
那么 nàme 대 그렇게, 저렇게
幸亏 xìngkuī 뵈 다행히
才 cái 뵈 비로소
按时 ànshí 뵈 제때에
提醒 tíxǐng 통 일깨우다
厚 hòu 혱 두껍다

✻ 교체 연습 _____ TRACK 186

幸亏 +	유리한 조건,	+ 才 +	결과 。
幸亏	有去年的奖金,	才	能买到
幸亏	没堵车,	才	能按时到
幸亏	你提醒我,	才	没忘
幸亏	带了一件厚衣服,	才	没感冒

A 今年的奖金太少了。
　 Jīnnián de jiǎngjīn tài shǎo le.

B 对一个月光族来说，已经很多了。
　 Duì yí ge yuèguāngzú lái shuō, yǐjīng hěn duō le.

A 你改改你的消费习惯吧。
　 Nǐ gǎigai nǐ de xiāofèi xíguàn ba.

B 我改过，但是失败了。
　 Wǒ gǎi guo, dànshì shībài le.

第二年节日前
dì èr nián jiérì qián

A 下周就是节日了，爸妈的礼物你选好了吗?
　 Xiàzhōu jiù shì jiérì le, bà mā de lǐwù nǐ xuǎn hǎo le ma?

B 我给他们买了项链。
　 Wǒ gěi tāmen mǎi le xiàngliàn.

A 你有那么多钱吗?
　 Nǐ yǒu nàme duō qián ma?

B 幸亏有去年的奖金，才能买到。
　 Xìngkuī yǒu qùnián de jiǎngjīn, cái néng mǎi dào.

해석

A 올해 상여금이 너무 적어.

B 월광족에게는 이미 많은 돈이야.

A 너는 소비 습관을 좀 고쳐야 해.

B 고쳐봤지, 그런데 실패했어.

(이듬해 명절 전)

A 다음 주가 곧 명절이야, 부모님 선물 결정했어?

B 나는 목걸이 드리려고 샀어.

A 너 돈이 그렇게 많아?

B 다행히 작년 상여금이 남아서(있어서), 비로소 살 수 있었어.

 听说你儿子去中国留学了。
Tīngshuō nǐ érzi qù Zhōngguó liúxué le.

是啊，_____ 一个小孩儿 _____ ，在外国生活挺难的。
Shì a, _____ yí ge xiǎoháir _____ , zài wàiguó shēnghuó tǐng nán de.

 你儿子一个人去的吗？
Nǐ érzi yí ge rén qù de ma?

不是，_____ 他爸爸也在中国，我 _____ 能放心。
Bú shì, _____ tā bàba yě zài Zhōngguó, wǒ _____ néng fàngxīn.

WORDS

外国 wàiguó 몡 외국

연습은 실전같이!

녹음을 듣고 사진과 일치하면 〇, 일치하지 않으면 X를 표시하세요.　TRACK 190

(1) 　(2) 　(3)

듣기
2
녹음을 듣고 질문에 알맞은 답을 고르세요.　TRACK 191

(1) 女的觉得什么最难?

　Ⓐ 写汉字　　　　Ⓑ 声调　　　　Ⓒ 读汉字

(2) 女的是怎么学声调的?

　Ⓐ 男的教她　　Ⓑ 中国朋友教她　　Ⓒ 老师教她

읽기
1
주요 표현의 쓰임새에 주의하며 문장을 소리 내어 읽어보세요.　TRACK 192

(1) 对父母来说，孩子最重要。
　　Duì fùmǔ lái shuō, háizi zuì zhòngyào.

(2) 对留学生来说，适应环境很难。
　　Duì liúxuéshēng lái shuō, shìyìng huánjìng hěn nán.

(3) 幸亏没堵车，才能按时到。
　　Xìngkuī méi dǔchē, cái néng ànshí dào.

(4) 幸亏带了一件厚衣服，才没感冒。
　　Xìngkuī dài le yí jiàn hòu yīfu, cái méi gǎnmào.

읽기 2 문장 구조에 주의하며 끊어 읽어보세요.　　　　　TRACK 193

(1) 我给他们 / 买了 / 项链。

(2) 你改改 / 你的 / 消费习惯吧。

(3) 爸妈的礼物 / 你选好 / 了吗?

쓰기 1 다음 빈칸에 들어갈 중국어와 한어병음을 써 보세요.

(1) 我还没　　　公司环境。

나는 아직 회사 환경에 적응하지 못했다.

중국어　　　　　한어병음

_____　_____

(2) 旅客　　　到达了机场。

여행객이 제시간에 공항에 도착했다.

_____　_____

(3) 我想　　　我的生活习惯。

나는 생활 습관을 바꾸고 싶다.

_____　_____

쓰기 2 다음 어휘를 어순에 맞게 배열하여 문장을 완성하세요.

(1) 有你 / 失败 / 才 / 幸亏 / 没

➜ _____

(2) 重要 / 学生 / 最 / 对 / 学习 / 来说

➜ _____

(3) 幸亏 / 吃药了 / 提醒 / 你 / 按时 / 我 / 才

➜ _____

말하기 🔊 그림을 보고 괄호 안의 표현을 참고하여 대화를 완성하세요.　　　　TRACK **194**

(1)

男　我觉得父母照顾孩子是很重要的事。
　　Wǒ juéde fùmǔ zhàogù háizi shì hěn zhòngyào de shì.

女　对呀！＿＿＿＿＿＿＿＿＿＿＿＿＿＿。 对…来说
　　Duì ya! ＿＿＿＿＿＿＿＿＿＿＿＿＿＿.

(2)

女　这么晚你还能买到药吗？
　　Zhème wǎn nǐ hái néng mǎi dào yào ma?

男　＿＿＿＿＿＿＿＿＿＿＿＿，我才能买到药。 幸亏
　　＿＿＿＿＿＿＿＿＿＿＿＿, wǒ cái néng mǎi dào yào.

(3)

男　你怎么知道今天下雨？
　　Nǐ zěnme zhīdào jīntiān xiàyǔ?

女　＿＿＿＿＿＿＿＿＿＿＿＿，我才知道今天要下雨。 幸亏
　　＿＿＿＿＿＿＿＿＿＿＿＿, wǒ cái zhīdào jīntiān yào xiàyǔ.

+ Plus Page 여행 표현

游客
门票多少钱?
Ménpiào duōshao qián?
입장료가 얼마예요?

职员
成人票一张200块，儿童票一张100块。
Chéngrén piào yì zhāng liǎngbǎi kuài, értóng piào yì zhāng yìbǎi kuài.
성인표는 한 장에 200위안, 어린이표는 한 장에 100위안입니다.

游客
在这儿卖得最好的纪念品是什么?
Zài zhèr mài de zuì hǎo de jìniànpǐn shì shénme?
여기서 제일 많이 팔리는 기념품은 무엇인가요?

服务员
这边都是纪念品，那边是本地的特产。
Zhè biān dōu shì jìniànpǐn, nà biān shì běndì de tèchǎn.
이쪽은 다 기념품이고, 저쪽은 현지 특산품입니다.

WORDS

门票 ménpiào 명 입장료
儿童票 értóng piào 어린이표

成人票 chéngrén piào 성인표
纪念品 jìniànpǐn 명 기념품

张 zhāng 양 종이, 책상 등을 세는 단위
本地 běndì 명 현지, 본지

+PLUS
吉祥物 jíxiángwù 명 마스코트

讲价 jiǎngjià 동 값을 깎다

讨价还价 tǎojià-huánjià 성 (값을) 흥정하다

❋ 시량보어

我来公司差不多八年了。　회사에 온 지 거의 8년 됐어요.
Wǒ lái gōngsī chàbuduō bā nián le.

❋ 借/给 + 간접목적어 + 직접목적어

你借我一点儿钱吧。　나 돈 좀 빌려줘요.
Nǐ jiè wǒ yìdiǎnr qián ba.

我明晚给你五十万吧。　내가 내일 저녁에 50만원 줄게요.
Wǒ míngwǎn gěi nǐ wǔshí wàn ba.

• 대화 속 빈칸을 채우세요.

A　你已经结婚了?
　　Nǐ yǐjīng jiéhūn le?

B　是啊, 我已经 _____ 三年多 _____ 。
　　Shì a, wǒ yǐjīng _____ sān nián duō _____ .

A　你们是怎么认识的?
　　Nǐmen shì zěnme rènshi de?

B　她是我的家教老师, 她 _____ 我汉语。
　　Tā shì wǒ de jiājiào lǎoshī, tā _____ wǒ Hànyǔ.

❋ 着　~하고 있다(동작/상태 지속)

他的手机一直关着。　그의 휴대 전화가 계속 꺼져 있어요.
Tā de shǒujī yìzhí guān zhe.

❋ 差点儿　하마터면

东西差点儿丢了。　하마터면 물건을 잃어버릴 뻔했어요.
Dōngxi chà diǎnr diū le.

• 대화 속 빈칸을 채우세요.

A　喂, 你在哪儿?
　　Wéi, nǐ zài nǎr?

B　我在家里躺 _____ 呢, 怎么了?
　　Wǒ zài jiā li tǎng _____ ne, zěnme le?

A　今天有课, 你怎么还没来?
　　Jīntiān yǒu kè, nǐ zěnme hái méi lái?

B　哎呀, 我 _____ 忘了, 我以为今天是周六。
　　Āiyā, wǒ _____ wàng le, wǒ yǐwéi jīntiān shì zhōuliù.

❋ **快…了** 곧 ~이다

快春节了。 곧 춘절이에요.
Kuài Chūn Jié le.

❋ **把 + 목적어 + 동사 + 처치 결과**

我把它放在家里了。 그것을 집에 놓고 왔어요.
Wǒ bǎ tā fàng zài jiā li le.

• 대화 속 빈칸을 채우세요.

A ＿＿＿＿＿ 六点 ＿＿＿＿＿ ， 准备下班吧。
＿＿＿＿＿ liù diǎn ＿＿＿＿＿ , zhǔnbèi xiàbān ba.

B 等等我, 我得 ＿＿＿＿＿ 资料 ＿＿＿＿＿ 到会议室里。
Děngdeng wǒ, wǒ děi ＿＿＿＿＿ zīliào ＿＿＿＿＿ dào huìyìshì li.

A 我在哪儿等你?
Wǒ zài nǎr děng nǐ?

B 在这儿等我吧。
Zài zhèr děng wǒ ba.

❋ **不但…而且…** ~할 뿐만 아니라, 또(게다가) ~하다

不但好看, 而且能净化空气。 보기에도 예쁠 뿐만 아니라, 게다가 공기 정화도 돼요.
Búdàn hǎokàn, érqiě néng jìnghuà kōngqì.

❋ **A不如B** A보다 B가 낫다(비교)

出去跑步不如在家做瑜伽。 나가서 달리는 것보다, 집에서 요가를 하는 것이 나아요.
Chūqù pǎobù bùrú zài jiā zuò yújiā.

• 대화 속 빈칸을 채우세요.

A 听说你打算搬家。
Tīngshuō nǐ dǎsuàn bānjiā.

B 是啊, 现在的房子 ＿＿＿＿＿ 贵, ＿＿＿＿＿ 离公司很远。
Shì a, xiànzài de fángzi ＿＿＿＿＿ guì, ＿＿＿＿＿ lí gōngsī hěn yuǎn.

A 那你回家跟父母一起住吗?
Nà nǐ huíjiā gēn fùmǔ yìqǐ zhù ma?

B 跟父母一起住 ＿＿＿＿＿ 我一个人住。
Gēn fùmǔ yìqǐ zhù ＿＿＿＿＿ wǒ yí ge rén zhù.

✳ **对…来说** ~의 입장에서 말하자면

对一个月光族**来说**，已经很多了。 월광족에게는 이미 많은 돈이에요.
Duì yí ge yuèguāngzú lái shuō, yǐjīng hěn duō le.

✳ **幸亏** 다행히

幸亏有去年的奖金，**才**能买到。 다행히 작년 상여금이 남아서(있어서), 비로소 살 수 있었어요.
Xìngkuī yǒu qùnián de jiǎngjīn, cái néng mǎi dào.

• 대화 속 빈칸을 채우세요.

A 听说你儿子去中国留学了。
Tīngshuō nǐ érzi qù Zhōngguó liúxué le.

B 是啊，_____ 一个小孩儿 _____，在外国生活挺难的。
Shì a, _____ yí ge xiǎoháir _____, zài wàiguó shēnghuó tǐng nán de.

A 你儿子一个人去的吗?
Nǐ érzi yí ge rén qù de ma?

B 不是，_____ 他爸爸也在中国，我 _____ 能放心。
Bú shì, _____ tā bàba yě zài Zhōngguó, wǒ _____ néng fàngxīn.

✳ 정답

结婚 jiéhūn 了 le 教 jiāo | 着 zhe 差点儿 chà diǎnr | 快 Kuài 了 le 把 bǎ 放 fàng |
不但 búdàn 而且 érqiě 不如 bùrú | 对 duì 来说 lái shuō 幸亏 xìngkuī 才 cái

170

memo

✳

쓰촨 사람들이
하는 말을
나는 한 글자도
못 알아들었어요.

원어민MP3 듣기

因为四川人说的话
Yīnwèi Sìchuān rén shuō de huà
我一个字都没听懂。
wǒ yí ge zì dōu méi tīng dǒng.

✳ 주요 표현

- 이번 기회에 쓰촨 마라탕을 맛보려고요.
- 쓰촨 사람들이 하는 말을 나는 한 글자도 못 알아들었어요.

✳ 핵심 어법

- 전치사 趁
- [一 + 양사 + 명사] + 也/都 + 不/没

✳ 회화의 토대는 **어법**

Ⓐ 我们去喝一杯吧。 우리 한 잔 하러 가자.
Wǒmen qù hē yì bēi ba.

Ⓑ 不行，我得回去准备行李。 안돼, 나 집에 가서 짐 싸야 해.
Bù xíng, wǒ děi huíqù zhǔnbèi xíngli.

Ⓐ 对了，你要去四川出差。 참, 너 쓰촨으로 출장 가지.
Duì le, nǐ yào qù Sìchuān chūchāi.

Ⓑ 是啊，我要趁这次机会尝尝四川麻辣烫。
Shì a, wǒ yào chèn zhè cì jīhuì chángchang Sìchuān málàtàng.
응, 나 이번 기회에 쓰촨 마라탕을 맛보려고.

어떤 시기나 기회를 틈타(이용해) 무언가를 하고자 할 때 전치사 趁을
사용해요. 우리말의 '시간적 여유가 있을 때를 틈타 운동을 하고 싶다.',
'아침 시간을 이용해 외국어를 배운다.'와 같이 표현할 때 사용해요.

WORDS

趁 chèn 전 (기회·조건 등을) 이용해
서, 틈타서
机会 jīhuì 명 기회
麻辣烫 málàtàng 명 마라탕
年轻 niánqīng 형 젊다

✳ 교체 연습 _____ TRACK 197

주어 ＋ 조동사 ＋ **趁** ＋ 시기/기회 ＋ 실행하고자 하는 일/행동 。

我	要	趁	这次机会	尝尝四川麻辣烫
我	想	趁	有时间	回老家看父母
我们		趁	天晴，	去散散步吧
你	得	趁	年轻	多学习

174

A 这次出差顺利吗? 이번 출장은 순조로웠어?
Zhè cì chūchāi shùnlì ma?

B 挺顺利的。 매우 순조로웠어.
Tǐng shùnlì de.

A 你去当地说汉语了吗? 너 현지에 가서 중국어로 말했어?
Nǐ qù dāngdì shuō Hànyǔ le ma?

B 没有，因为四川人说的话我一个字都没听懂。
Méiyǒu, yīnwèi Sìchuān rén shuō de huà wǒ yí ge zì dōu méi tīng dǒng.
아니, 왜냐하면 쓰촨 사람들이 하는 말을 나는 한 글자도 못 알아들었어.

4과에서 배운 '조금도 ~하지 않다'의 의미인 一点儿也/都 + 不/没…
표현에서 一点儿 대신 一个字 yí ge zì, 一顿饭 yí dùn fàn처럼 양사
를 사용해 구체적으로 표현하여 不/没 뒤에 오는 상황이 양적으로 매
우 적음을 나타내기도 해요.

WORDS

顺利 shùnlì 형 순조롭다
当地 dāngdì 명 현지
四川人 Sìchuān rén 고유 쓰촨 사람
话 huà 명 말
字 zì 명 글자
道 dào 양 개[문제를 세는 단위]
题 tí 명 문제
分 fēn 양 중국의 화폐 단위

✱ **교체 연습** _____ TRACK **199**

주어 + [一 + 양사 + 명사] + 也/都 + 不/没 + 상황 。
조동사/형용사/심리동사

我	一个字	也	没	听懂
他	一道题	也	不	会做
我	一分钱	都	没	有
他今天	一顿饭	都	没	吃

A 我们去喝一杯吧。
Wǒmen qù hē yì bēi ba.

B 不行，我得回去准备行李。
Bù xíng, wǒ děi huíqù zhǔnbèi xíngli.

A 对了，你要去四川出差。
Duì le, nǐ yào qù Sìchuān chūchāi.

B 是啊，我要趁这次机会尝尝四川麻辣烫。
Shì a, wǒ yào chèn zhè cì jīhuì chángchang Sìchuān málàtàng.

出差回来后
chūchāi huílái hòu

A 这次出差顺利吗?
Zhè cì chūchāi shùnlì ma?

B 挺顺利的。
Tǐng shùnlì de.

A 你去当地说汉语了吗?
Nǐ qù dāngdì shuō Hànyǔ le ma?

B 没有，因为四川人说的话我一个字都没听懂。
Méiyǒu, yīnwèi Sìchuān rén shuō de huà wǒ yí ge zì dōu méi tīng dǒng.

해석

A 우리 한 잔 하러 가자.

B 안돼, 나 집에 가서 짐 싸야 해.

A 참, 너 쓰촨으로 출장 가지.

B 응, 나 이번 기회에 쓰촨 마라탕을 맛보려고.

(출장에서 돌아온 후)

A 이번 출장은 순조로웠어?

B 매우 순조로웠어.

A 너 현지에 가서 중국어로 말했어?

B 아니, 왜냐하면 쓰촨 사람들이 하는 말을 나는 한 글자도 못 알아들었어.

✳ 실전같이 **말하기**

妈妈，我回来了，有饭吗?

Māma, wǒ huílái le, yǒu fàn ma?

你没吃饭吗?

Nǐ méi chīfàn ma?

我今天很忙，＿＿＿＿＿＿ 饭 ＿＿＿＿＿＿ 没吃。

Wǒ jīntiān hěn máng, ＿＿＿＿＿＿ fàn ＿＿＿＿＿＿ méi chī.

那 ＿＿＿＿＿＿ 你换衣服，我给你煮方便面。

Nà ＿＿＿＿＿＿ nǐ huàn yīfu, wǒ gěi nǐ zhǔ fāngbiànmiàn.

WORDS

煮 zhǔ 통 삶다, 익히다   方便面 fāngbiànmiàn 명 라면

연습은 **실전같이!**

 듣기 **1**　녹음을 듣고 사진과 일치하면 ○, 일치하지 않으면 X를 표시하세요.　**TRACK 203**

(1)

(2)

(3)

 듣기 **2**　녹음을 듣고 질문에 알맞은 답을 고르세요.　**TRACK 204**

(1) 男的去哪儿?

　Ⓐ 会议　　　　　Ⓑ 上班　　　　　Ⓒ 出差

(2) 女的想要什么?

　Ⓐ 包、化妆品　　Ⓑ 包、衣服　　　Ⓒ 衣服、化妆品

 읽기 **1**　주요 표현의 쓰임새에 주의하며 문장을 소리 내어 읽어보세요.　**TRACK 205**

(1) 你得趁年轻多学习。
　　Nǐ děi chèn niánqīng duō xuéxí.

(2) 我想趁有时间回老家看父母。
　　Wǒ xiǎng chèn yǒu shíjiān huí lǎojiā kàn fùmǔ.

(3) 他一道题也不会做。
　　Tā yí dào tí yě bú huì zuò.

(4) 他今天一顿饭都没吃。
　　Tā jīntiān yí dùn fàn dōu méi chī.

읽기 **2**

문장 구조에 주의하며 끊어 읽어보세요.

TRACK 206

(1) 我得 / 回去 / 准备行李。

(2) 你去当地 / 说汉语 / 了吗?

(3) 因为 / 我一个字 / 都 / 没听懂。

쓰기 **1**

다음 빈칸에 들어갈 중국어와 한어병음을 써 보세요.

	중국어	한어병음

(1) 会议 ▨▨▨ 地结束了。

　　회의는 순조롭게 끝났다.

(2) 这水果是 ▨▨▨ 特产。

　　이 과일은 현지 특산품이다.

(3) 别伤心，下次还有 ▨▨▨ 。

　　실망하지마세요. 다음에 또 기회가 있어요.

쓰기 **2**

다음 어휘를 어순에 맞게 배열하여 문장을 완성하세요.

(1) 一个 / 没有 / 都 / 朋友 / 他

→ _____

(2) 都 / 挣过 / 我 / 没 / 一分钱

→ _____

(3) 要 / 有时间 / 趁 / 休息 / 多 / 我

→ _____

✳ 연습은 실전같이!

말하기 🔊 그림을 보고 괄호 안의 표현을 참고하여 대화를 완성하세요.   **TRACK 207**

(1)

男 我们一起去吃午饭吧。
　　Wǒmen yìqǐ qù chī wǔfàn ba.

女 不，我 ＿＿＿＿＿＿＿＿＿＿＿＿＿＿ 。 趁
　　Bù, wǒ ＿＿＿＿＿＿＿＿＿＿＿＿ .

(2)

男 我们去那家尝尝吧。
　　Wǒmen qù nà jiā chángchang ba.

女 你看，＿＿＿＿＿＿＿＿＿ ，我觉得不好吃。 一＋양사＋명사＋都＋没
　　Nǐ kàn, ＿＿＿＿＿＿＿＿＿ , wǒ juéde bù hǎochī .

(3)

男 你的运动鞋什么时候买的?
　　Nǐ de yùndòngxié shénme shíhou mǎi de?

女 ＿＿＿＿＿＿＿＿＿＿＿＿ ，我让妈妈给我买的。 趁

　　＿＿＿＿＿＿＿＿＿＿＿＿ , wǒ ràng māma gěi wǒ mǎi de.

+ Plus Page 여행 표현

游客 **请帮我拍张照吧。**
Qǐng bāng wǒ pāi zhāng zhào ba.
사진 좀 찍어주시겠어요.

路人 **好的，我数一、二、三，开始。**
Hǎo de, wǒ shǔ yī 、 èr 、 sān, kāishǐ.
그럼요. 하나, 둘, 셋, 찍어요.

游客 **请问，出口怎么走？**
Qǐngwèn, chūkǒu zěnme zǒu?
말씀 좀 여쭙겠습니다. 출구는 어떻게 가나요?

路人 **我们也要出去，跟着我们走吧。**
Wǒmen yě yào chūqù, gēnzhe wǒmen zǒu ba.
우리도 나가려고요. 우리를 따라 오세요.

WORDS

照 zhào 명 사진	出口 chūkǒu 명 출구	跟着 gēnzhe 동 따라가다, 쫓아가다

+PLUS

入口 rùkǒu 명 입구	紧急出口 jǐnjí chūkǒu 비상구	缆车 lǎnchē 명 케이블카
摩天轮 mótiānlún 명 관람차	景点 jǐngdiǎn 명 명소	观光大巴 guānguāng dàbā 관광 버스

✳

나는
그 회사에
채용됐어요.

○○ 전자 사원 면접

我被那家公司录用了。
Wǒ bèi nà jiā gōngsī lùyòng le.

✳ 주요 표현

• 나는 전자 산업에 관심이 많이 있어요.

• 나는 그 회사에 채용됐어요.

✳ 핵심 어법

• 对…感兴趣

• 被자문

회화의 토대는 어법

A 你想找什么样的工作？ 너는 어떤 일을 하고 싶어?

Nǐ xiǎng zhǎo shénme yàng de gōngzuò?

B 我对电子行业很感兴趣。 나는 전자 산업에 관심이 많이 있어.

Wǒ duì diànzǐ hángyè hěn gǎn xìngqù.

A 你投简历了吗？ 이력서 냈어?

Nǐ tóu jiǎnlì le ma?

B 投了很多，下周有一个面试。 여러 곳에 냈지. 다음 주에 면접이 있어.

Tóu le hěn duō, xiàzhōu yǒu yí ge miànshì.

우리말의 '나는 축구에 관심이 많아.', '그는 중국 문화에 관심이 많다.'
와 같이 어떤 대상이나 분야에 흥미와 관심이 있다고 말할 때에는 '~에
관심이 있다'는 의미의 对…感兴趣 구문으로 표현해요. 부정부사 不
는 感兴趣 앞에 와요.

WORDS

行业 hángyè 명 직업, 업무
感 gǎn 동 느끼다
兴趣 xìngqù 명 흥미, 관심
投 tóu 동 넣다
简历 jiǎnlì 명 이력서
文化 wénhuà 명 문화
时装 shízhuāng 명 패션
房地产 fángdìchǎn 명 부동산

✳ 교체 연습 _____ TRACK 210

주어 + 对 + 　대상　 + 부사 + 感兴趣 。

我	对	电子行业	很	感兴趣
我	对	中国文化	很	感兴趣
她	对	时装	很	感兴趣
他	对	房地产	不	感兴趣

A 上次你说的面试成功了吗？　지난번에 말했던 면접은 합격했어?

Shàngcì nǐ shuō de miànshì chénggōng le ma?

B 是啊，我被那家公司录用了。　응, 나 그 회사에 채용됐어.

Shì a, wǒ bèi nà jiā gōngsī lùyòng le.

A 恭喜你找到工作。　취직한 거 축하해!

Gōngxǐ nǐ zhǎo dào gōngzuò.

B 谢谢，改天我们一起喝一杯吧。　고마워. 다음에 우리 같이 한 잔 하자.

Xièxie, gǎitiān wǒmen yìqǐ hē yì bēi ba.

우리말의 '내 지갑을 도둑 맞았어.'와 같이 의도하지 않은 어떤 피해를 당했음을 강조하는 것을 '피동문'이라고 해요. 피동문에서는 행위로 인한 결과를 표시해야 하기에 술어 뒤에 기타성분이 반드시 와야 해요. 피동문에 쓰이는 전치사는 被 bèi/让 ràng/叫 jiào/给 gěi 등이 있는데, 가장 많이 표현되는 '被자문'을 배워볼게요.

WORDS

成功 chénggōng 통 성공하다
被 bèi 전 ~에게 ~당하다
录用 lùyòng 통 채용하다
恭喜 gōngxǐ 통 축하하다
改天 gǎitiān 부 다른 날에, 훗날에
胳膊 gēbo 명 팔
撞 zhuàng 통 부딪히다, 충돌하다
伤 shāng 통 상하다, 다치다
钱包 qiánbāo 명 지갑
小偷 xiǎotōu 명 도둑
偷 tōu 통 훔치다
玻璃杯 bōlibēi 명 유리컵
打碎 dǎsuì 통 때려 부수다, 깨다

＊ 교체 연습 _____ TRACK **212**

주어 행위를 받는 대상	+ 被 +	행위자	+ 동사 +	기타성분 。
我	被	那家公司	录用	了
胳膊	被	车	撞伤	了
钱包	被	小偷	偷	走了
玻璃杯	被	人	打碎	了

A 你想找什么样的工作？

Nǐ xiǎng zhǎo shénme yàng de gōngzuò?

B 我对电子行业很感兴趣。

Wǒ duì diànzǐ hángyè hěn gǎn xìngqù.

A 你投简历了吗？

Nǐ tóu jiǎnlì le ma?

B 投了很多，下周有一个面试。

Tóu le hěn duō, xiàzhōu yǒu yí ge miànshì.

过了一段时间

guò le yí duàn shíjiān

A 上次你说的面试成功了吗？

Shàngcì nǐ shuō de miànshì chénggōng le ma?

B 是啊，我被那家公司录用了。

Shì a, wǒ bèi nà jiā gōngsī lùyòng le.

A 恭喜你找到工作。

Gōngxǐ nǐ zhǎo dào gōngzuò.

B 谢谢，改天我们一起喝一杯吧。

Xièxie, gǎitiān wǒmen yìqǐ hē yì bēi ba.

해석

A 너는 어떤 일을 하고 싶어?

B 나는 전자 산업에 관심이 많이 있어.

A 이력서 냈어?

B 여러 곳에 냈지. 다음 주에 면접이 있어.

(얼마의 시간이 흐른 후)

A 지난번에 말했던 면접은 합격했어?

B 응, 나 그 회사에 채용됐어.

A 취직한 거 축하해!

B 고마워. 다음에 우리 같이 한 잔 하자.

 我 ＿＿＿ 韩国音乐很 ＿＿＿ ， 打算去韩国看K-POP演唱会。
Wǒ ＿＿＿ Hánguó yīnyuè hěn ＿＿＿ , dǎsuàn qù Hánguó kàn K-POP yǎnchànghuì.

那你打算什么时候去？
Nà nǐ dǎsuàn shénme shíhou qù?

 这件事 ＿＿＿＿ 妈妈发现了，现在我不能去了。
Zhè jiàn shì ＿＿＿＿ māma fāxiàn le, xiànzài wǒ bù néng qù le.

太遗憾了。
Tài yíhàn le.

WORDS

演唱会 yǎnchànghuì 명 콘서트　　　　遗憾 yíhàn 형 유감스럽다

연습은 실전같이!

 듣기 1　녹음을 듣고 사진과 일치하면 ○, 일치하지 않으면 X를 표시하세요.　　TRACK 216

(1)

(2)

(3)

 듣기 2　녹음을 듣고 질문에 알맞은 답을 고르세요.　　TRACK 217

(1) 女的丢了什么？

    Ⓐ 钱包　　　　　Ⓑ 手机　　　　　Ⓒ 自行车

(2) 男的建议女的什么？

    Ⓐ 买新的　　　　Ⓑ 别找到　　　　Ⓒ 告诉警察

읽기 1　주요 표현의 쓰임새에 주의하며 문장을 소리 내어 읽어보세요.　　TRACK 218

(1) 她对时装很感兴趣。
　　Tā duì shízhuāng hěn gǎn xìngqù.

(2) 他对房地产不感兴趣。
　　Tā duì fángdìchǎn bù gǎn xìngqù.

(3) 胳膊被车撞伤了。
　　Gēbo bèi chē zhuàng shāng le.

(4) 钱包被小偷偷走了。
　　Qiánbāo bèi xiǎotōu tōu zǒu le.

읽기 2 문장 구조에 주의하며 끊어 읽어보세요.　　　　　　　　TRACK 219

(1) 你想 / 找什么样的 / 工作?

(2) 改天 / 我们一起 / 喝一杯吧。

(3) 上次 / 你说的面试 / 成功了吗?

쓰기 1 다음 빈칸에 들어갈 중국어와 한어병음을 써 보세요.

　　　　　　　　　　　　　　　　　　중국어　　　　　한어병음

(1) 我们 ____ 再说吧。

우리 다음에 다시 이야기해요.

_____　_____

(2) 我的 ____ 写完了。

나는 이력서를 다 썼다.

_____　_____

(3) 我被一家电子公司 ____ 了。

나는 전자 회사에 채용되었다.

_____　_____

쓰기 2 다음 어휘를 어순에 맞게 배열하여 문장을 완성하세요.

(1) 被 / 打碎 / 碟子 / 了 / 弟弟

→ _____

(2) 对 / 中国歌曲 / 兴趣 / 我 / 感

→ _____

(3) 我的方便面 / 吃光 / 弟弟 / 了 / 被

→ _____

※ **연습**은 **실전같이!**

말하기 그림을 보고 괄호 안의 표현을 참고하여 대화를 완성하세요.　　　　　TRACK 220

(1)

女　你的眼睛怎么了？
　　Nǐ de yǎnjing zěnme le?

男　我的眼睛 ＿＿＿＿＿＿＿＿＿＿＿＿＿＿。被

　　Wǒ de yǎnjing ＿＿＿＿＿＿＿＿＿＿＿＿＿.

(2)

男　你怎么没接电话？
　　Nǐ zěnme méi jiē diànhuà?

女　我的手机 ＿＿＿＿＿＿＿＿＿＿＿＿＿＿。被

　　Wǒ de shǒujī ＿＿＿＿＿＿＿＿＿＿＿＿＿.

(3)

男　你为什么去那儿打工？
　　Nǐ wèishénme qù nàr dǎgōng?

女　我 ＿＿＿＿＿＿＿＿＿＿＿＿＿＿，我想去学学。对…感兴趣

　　Wǒ ＿＿＿＿＿＿＿＿＿＿＿＿＿＿, wǒ xiǎng qù xuéxue.

+ Plus Page 여행 표현

TRACK 221

职员 你要换多少钱？

Nǐ yào huàn duōshao qián?

얼마나 환전하실 건가요?

客人 我想兑换五十万韩币。

Wǒ xiǎng duìhuàn wǔshí wàn Hánbì.

저는 한화로 50만원을 바꾸려고 합니다.

客人 我想取现金，这个自动提款机怎么用？

Wǒ xiǎng qǔ xiànjīn, zhè ge zìdòng tíkuǎnjī zěnme yòng?

저는 현금을 찾고 싶은데요. 이 현금 자동 입출기는 어떻게 사용하나요?

职员 按这个键，可以换成英语。

Àn zhè ge jiàn, kěyǐ huàn chéng Yīngyǔ.

이 버튼을 누르시고 영문으로 바꾸세요.

WORDS

兑换 duìhuàn 통 환전하다　　韩币 Hánbì 명 한국 화폐　　取 qǔ 통 찾다　　现金 xiànjīn 명 현금
自动提款机 zìdòng tíkuǎnjī 현금 자동 입출기　　按键 ànjiàn 명 버튼　　换成 huàn chéng ~으로 바꾸다

+PLUS

取钱 qǔqián 통 인출하다　　存钱 cúnqián 통 저축하다　　转账 zhuǎnzhàng 통 계좌 이체하다　　汇率 huìlǜ 명 환율

✳

요즘 시간만
있으면 그림 그리는
연습해요.

最近我只要有时间，
Zuìjìn wǒ zhǐyào yǒu shíjiān,

就练习画画儿。
jiù liànxí huà huàr.

✱ **주요 표현**

• 요즘 시간만 있으면 그림 그리는 연습해요.

• 그림 그리는 것은 배울만한 가치가 있다고
생각해요.

✱ **핵심 어법**

• 접속 구문 只要…就

• 동사 值得…

A 这是我的一点儿心意。
Zhè shì wǒ de yìdiǎnr xīnyì.
이거 내 작은 성의야.

B 这是你自己画的吗? 이거 네가 직접 그린 거야?
Zhè shì nǐ zìjǐ huà de ma?

A 是啊，最近我只要有时间，就练习画画儿。
Shì a, zuìjìn wǒ zhǐyào yǒu shíjiān, jiù liànxí huà huàr.
응, 나 요즘 시간만 있으면 그림 그리는 연습해.

B 我也想学，有时间的话，教教我吧。
Wǒ yě xiǎng xué, yǒu shíjiān de huà, jiāojiao wǒ ba.
나도 배우고 싶어, 시간 있으면 나도 좀 가르쳐 줘.

'~하기만 하면, ~하다'는 의미의 只要…就…는 조건이 충족되면 어떤
목적이나 희망을 달성할 수 있다는 조건문을 나타내는 접속사예요.

✳ 교체 연습 _____ TRACK 223

只要	+ 조건,	+ 就 +	실현。
只要	有时间,	就	练习画画儿
只要	有钱,	就	去买股票
只要	努力学习,	就	会明白的
只要	锻炼身体,	就	能健康

194

B 你上次送我的油画太漂亮了，你现在也画吗?

Nǐ shàngcì sòng wǒ de yóuhuà tài piàoliang le, nǐ xiànzài yě huà ma?

네가 지난번에 선물한 유화 너무 예뻐. 지금도 그림 그려?

A 是啊，我最近迷上它了。 응, 나 요즘 유화에 푹 빠졌어.

Shì a, wǒ zuìjìn mí shàng tā le.

B 我也觉得画画儿值得花时间去学。

Wǒ yě juéde huà huàr zhídé huā shíjiān qù xué.

내 생각에도 그림 그리는 것은 배울만한 가치가 있다고 생각해.

A 是啊，每次画画儿时，都能缓解压力。

Shì a, měi cì huà huàr shí, dōu néng huǎnjiě yālì.

맞아. 매번 그림을 그릴 때마다, 스트레스가 풀려.

무언가 시도할만한 가치가 있음을 나타내는 동사 值得 뒤에 동사구가 쓰이면 '~할만한 가치(의미)가 있다', '~할만하다'는 의미로 쓰여요. 주의할 점은 앞에 오는 주어는 사람이 아닌 사건·사실·행동 등이 와요.

WORDS

油画 yóuhuà 명 유화
迷上 mí shàng 푹 빠지다, 반하다
值得 zhídé 동 ~할만한 가치(의미)가 있다
每次 měi cì 매번
缓解 huǎnjiě 동 완화시키다, 풀어지다
餐厅 cāntīng 명 식당
展览会 zhǎnlǎnhuì 명 전시회

✱ **교체 연습** _____ TRACK 225

주어 + 值得 + 동사구 。

画画儿	值得	花时间去学
济州岛	值得	去玩儿
那家餐厅	值得	去尝尝
那个展览会	值得	去看看

A 这是我的一点儿心意。
Zhè shì wǒ de yìdiǎnr xīnyì.

B 这是你自己画的吗?
Zhè shì nǐ zìjǐ huà de ma?

A 是啊，最近我只要有时间，就练习画画儿。
Shì a, zuìjìn wǒ zhǐyào yǒu shíjiān, jiù liànxí huà huàr.

B 我也想学，有时间的话，教教我吧。
Wǒ yě xiǎng xué, yǒu shíjiān de huà, jiāojiao wǒ ba.

一个月以后
yí ge yuè yǐhòu

B 你上次送我的油画太漂亮了，你现在也画吗?
Nǐ shàngcì sòng wǒ de yóuhuà tài piàoliang le, nǐ xiànzài yě huà ma?

A 是啊，我最近迷上它了。
Shì a, wǒ zuìjìn mí shàng tā le.

B 我也觉得画画儿值得花时间去学。
Wǒ yě juéde huà huàr zhídé huā shíjiān qù xué.

A 是啊，每次画画儿时，都能缓解压力。
Shì a, měi cì huà huàr shí, dōu néng huǎnjiě yālì.

해석

A 이거 내 작은 성의야.

B 이거 네가 직접 그린 거야?

A 응, 나 요즘 시간만 있으면 그림 그리는 연습해.

B 나도 배우고 싶어, 시간 있으면 나도 좀 가르쳐 줘.

(한달 후)

B 네가 지난번에 선물한 유화 너무 예뻐, 지금도 그림 그려?

A 응, 나 요즘 유화에 푹 빠졌어.

B 내 생각에도 그림 그리는 것은 배울만한 가치가 있다고 생각해.

A 맞아, 매번 그림을 그릴 때마다, 스트레스가 풀려.

有时间时，你做什么?

Yǒu shíjiān shí, nǐ zuò shénme?

我 ＿＿＿＿＿ 有时间，＿＿＿＿＿ 去济州岛。

Wǒ ＿＿＿＿＿ yǒu shíjiān, ＿＿＿＿＿ qù Jìzhōudǎo.

你为什么这么喜欢去那儿?

Nǐ wèishénme zhème xǐhuan qù nàr?

济州岛很漂亮，＿＿＿＿＿ 去玩儿。

Jìzhōudǎo hěn piàoliang, ＿＿＿＿＿ qù wánr.

연습은 실전같이!

 듣기 1 녹음을 듣고 사진과 일치하면 ○, 일치하지 않으면 X를 표시하세요. TRACK 229

(1)

(2)

(3)

 듣기 2 녹음을 듣고 질문에 알맞은 답을 고르세요. TRACK 230

(1) 男的发现什么?

   Ⓐ 很多人学汉语　　Ⓑ 汉语值得学　　Ⓒ 他喜欢学汉语

(2) 女的什么时候学汉语?

   Ⓐ 下班后　　　　　Ⓑ 周末　　　　　Ⓒ 有时间的时候

읽기 1 주요 표현의 쓰임새에 주의하며 문장을 소리 내어 읽어보세요. TRACK 231

(1) 只要锻炼身体，就能健康。
   Zhǐyào duànliàn shēntǐ, jiù néng jiànkāng.

(2) 只要努力学习，就会明白的。
   Zhǐyào nǔlì xuéxí, jiù huì míngbai de.

(3) 那家餐厅值得去尝尝。
   Nà jiā cāntīng zhídé qù chángchang.

(4) 那个展览会值得去看看。
   Nà ge zhǎnlǎnhuì zhídé qù kànkan.

읽기 2　문장 구조에 주의하며 끊어 읽어보세요.　　TRACK 232

(1) 我最近 / 迷上它了。

(2) 这是 / 我的 / 一点儿心意。

(3) 有时间的话， / 教教 / 我吧。

쓰기 1　다음 빈칸에 들어갈 중국어와 한어병음을 써 보세요.

	중국어	한어병음

(1) 这家 ＿＿＿＿ 要排队。

이 식당은 줄을 서야 한다.

＿＿＿＿＿＿＿＿＿　＿＿＿＿＿＿＿＿＿

(2) 老师，这是我们的 ＿＿＿＿ 。

선생님, 이건 우리의 성의예요.

＿＿＿＿＿＿＿＿＿　＿＿＿＿＿＿＿＿＿

(3) 这条路 ＿＿＿＿ 堵车很厉害。

이 길은 매번 차가 많이 막힌다.

＿＿＿＿＿＿＿＿＿　＿＿＿＿＿＿＿＿＿

쓰기 2　다음 어휘를 어순에 맞게 배열하여 문장을 완성하세요.

(1) 花 / 这个东西 / 买 / 值得 / 钱

→ ＿＿＿＿＿＿＿＿＿＿＿＿＿＿＿＿＿＿＿＿

(2) 努力 / 只要 / 能减肥 / 就 / 运动

→ ＿＿＿＿＿＿＿＿＿＿＿＿＿＿＿＿＿＿＿＿

(3) 不下雨 / 只要 / 就 / 去 / 爬山 / 可以

→ ＿＿＿＿＿＿＿＿＿＿＿＿＿＿＿＿＿＿＿＿

연습은 실전같이!

그림을 보고 괄호 안의 표현을 참고하여 대화를 완성하세요.　　　　　　TRACK 233

(1)

男　妈妈，这次考试我能通过吗？

　　Māma, zhè cì kǎoshì wǒ néng tōngguò ma?

女　一定没问题，你 ＿＿＿＿＿＿＿ , ＿＿＿＿＿＿＿ 。 只要…就…

　　Yídìng méi wèntí, nǐ ＿＿＿＿＿＿＿ , ＿＿＿＿＿＿＿ .

(2)

男　你看，那家餐厅人真多！

　　Nǐ kàn, nà jiā cāntīng rén zhēn duō!

女　是啊，那家很好吃， ＿＿＿＿＿＿＿＿＿＿＿ 。 值得

　　Shì a, nà jiā hěn hǎochī, ＿＿＿＿＿＿＿＿＿＿＿ .

(3)

男　我有点儿头疼、发烧，好像感冒了。

　　Wǒ yǒudiǎnr tóuténg, fāshāo, hǎoxiàng gǎnmào le.

女　你 ＿＿＿＿＿＿＿ , ＿＿＿＿＿＿＿ 。 只要…就…

　　Nǐ ＿＿＿＿＿＿＿ , ＿＿＿＿＿＿＿ .

+ Plus Page 여행 표현

客人 给我点儿晕车药。
Gěi wǒ diǎnr yùnchē yào.

멀미약 좀 주세요.

职员 这个药上车前30分钟吃一片。
Zhè ge yào shàngchē qián sānshí fēnzhōng chī yí piàn.

이 약은 차 타기 30분 전에 한 알 드세요.

客人 这个药怎么吃?
Zhè ge yào zěnme chī?

이 약은 어떻게 먹나요?

职员 一天三次，一次两片，饭后三十分钟服用，千万别空腹吃。
Yì tiān sān cì, yí cì liǎng piàn, fàn hòu sānshí fēnzhōng fúyòng, qiānwàn bié kōngfù chī.

하루 세 번, 일회 두 알, 식후 30분내 복용, 절대 공복에 드시지 마세요.

WORDS

晕车 yùnchē 图 차 멀미하다　　　上车 shàngchē 图 차를 타다　　　片 piàn 양 얇고 작게 잘라진 것을 세는 단위
服用 fúyòng 图 복용하다　　　空腹 kōngfù 명 공복

+PLUS
消毒水 xiāodúshuǐ 명 소독약　　　创可贴 chuāngkě tiē 밴드　　　眼药水 yǎnyàoshuǐ 안약

UNIT
19

✳

인터넷에
있긴 있는데,
중국어 자막이
없어요.

网上有是有，
Wǎngshang yǒu shì yǒu,

就是没有汉语字幕。
jiù shì méiyǒu Hànyǔ zìmù.

※ **주요 표현**
- 인터넷에 있긴 있는데, 중국어 자막이 없어요.
- 회원 가입을 해야지만, 유료 다운로드 받을 수 있어요.

※ **핵심 어법**
- A是A, 就是…
- 접속사 只有…才

A 我想看刘德华演的这部电影。 나 유덕화 나오는 이 영화 보고 싶어.

Wǒ xiǎng kàn Liú Déhuá yǎn de zhè bù diànyǐng.

B 你可以上网看。 인터넷에서 볼 수 있어.

Nǐ kěyǐ shàngwǎng kàn.

A 网上有是有，就是没有汉语字幕。

Wǎngshang yǒu shì yǒu, jiù shì méiyǒu Hànyǔ zìmù.

인터넷에 있긴 있는데, 중국어 자막이 없어.

B 我告诉你一个中国网站，在那儿可以下载。

Wǒ gàosu nǐ yí ge Zhōngguó wǎngzhàn, zài nàr kěyǐ xiàzài.

내가 중국사이트 하나 알려줄게, 거기서 다운로드 받을 수 있어.

제한적 긍정을 나타내는 A是A，就是…는 긍정적인 부분을 언급한 후 아쉽거나 부족한 부분을 얘기할 때 쓰이는 표현으로, 우리말의 '옷이 예쁘기는 예쁜데, 단지 가격이 비싸다.'와 같이 말할 때 쓰여요.

WORDS

刘德华 Liú Déhuá 고유 유덕화[인명]
部 bù 양 편[영화 등을 세는 단위]
网上 wǎngshang 명 온라인, 인터넷
字幕 zìmù 명 자막
网站 wǎngzhàn 명 웹사이트
下载 xiàzài 동 다운로드 하다
膝盖 xīgài 명 무릎
破了洞 pò le dòng 구멍나다
宽敞 kuānchang 형 넓다, 널찍하다
交通 jiāotōng 명 교통
方便 fāngbiàn 형 편리하다

✳ **교체 연습**

주어	A 좋은 조건	是	A, 좋은 조건	就是	부족한 내용 。
网上	有	是	有,	就是	没有汉语字幕
这条裤子	舒服	是	舒服,	就是	膝盖上破了个洞
这个房子	宽敞	是	宽敞,	就是	交通不方便
这个孩子	想玩儿	是	想玩儿,	就是	太困了

A 我昨天上了那个网站，但是下载不了。

Wǒ zuótiān shàng le nà ge wǎngzhàn, dànshì xiàzài bu liǎo.

나 어제 그 사이트에 들어갔는데 다운로드 받을 수 없었어.

B 你申请会员了吗? 너 회원 가입 했어?

Nǐ shēnqǐng huìyuán le ma?

A 申请会员的程序太复杂了。 회원 가입 순서가 너무 복잡해.

Shēnqǐng huìyuán de chéngxù tài fùzá le.

B 只有加入会员，才能付费下载。

Zhǐyǒu jiārù huìyuán, cái néng fùfèi xiàzài.

회원 가입을 해야지만, 유료 다운로드 받을 수 있어.

우리말의 '카드를 찍어야지만 입장할 수 있다.'와 같이 유일한 조건을 나타낼 때 접속사 只有를 사용해요. 이때 뒤에 주로 부사 才를 수반하여 '~해야만, 비로소 ~하다'라는 의미를 나타내요.

WORDS

申请 shēnqǐng 동 신청하다
会员 huìyuán 명 회원
程序 chéngxù 명 순서, 단계
复杂 fùzá 형 복잡하다
加入 jiārù 동 가입하다
付费 fùfèi 동 비용을 지불하다
携带 xiédài 동 휴대하다
身份证 shēnfènzhèng 명 신분증
报名 bàomíng 동 등록하다,
신청하다

✱ 교체 연습 _____ TRACK 238

只有 + 유일한 조건, + 才 + 실현 。

只有	加入会员,	才	能付费下载
只有	打扫完房间,	才	能出去玩儿
只有	携带身份证,	才	能进火车站
只有	报名,	才	能参加考试

A 我想看刘德华演的这部电影。
Wǒ xiǎng kàn Liú Déhuá yǎn de zhè bù diànyǐng.

B 你可以上网看。
Nǐ kěyǐ shàngwǎng kàn.

A 网上有是有，就是没有汉语字幕。
Wǎngshang yǒu shì yǒu, jiù shì méiyǒu Hànyǔ zìmù.

B 我告诉你一个中国网站，在那儿可以下载。
Wǒ gàosu nǐ yí ge Zhōngguó wǎngzhàn, zài nàr kěyǐ xiàzài.

第二天
dì èr tiān

A 我昨天上了那个网站，但是下载不了。
Wǒ zuótiān shàng le nà ge wǎngzhàn, dànshì xiàzài bu liǎo.

B 你申请会员了吗?
Nǐ shēnqǐng huìyuán le ma?

A 申请会员的程序太复杂了。
Shēnqǐng huìyuán de chéngxù tài fùzá le.

B 只有加入会员，才能付费下载。
Zhǐyǒu jiārù huìyuán, cái néng fùfèi xiàzài.

해석

A 나 유덕화 나오는 이 영화 보고 싶어.
B 인터넷에서 볼 수 있어.
A 인터넷에 있긴 있는데, 중국어 자막이 없어.
B 내가 중국사이트 하나 알려줄게, 거기서 다운로드 받을 수 있어.

(이틀날)

A 나 어제 그 사이트에 들어갔는데 다운로드 받을 수 없었어.
B 너 회원 가입 했어?
A 회원 가입 순서가 너무 복잡해.
B 회원 가입을 해야지만, 유료 다운로드 받을 수 있어.

 这部动画片很有名，你看了吗?

Zhè bù dònghuàpiàn hěn yǒumíng, nǐ kàn le ma?

我想看 _____ 想看，_____ 电影院里小孩儿太多。

Wǒ xiǎng kàn _____ xiǎng kàn, _____ diànyǐngyuàn li xiǎoháir tài duō.

 你 _____ 早上去看，_____ 没有小孩儿。

Nǐ _____ zǎoshang qù kàn, _____ méiyǒu xiǎoháir.

太好了，谢谢你告诉我。

Tài hǎo le, xièxie nǐ gàosu wǒ.

WORDS

动画片 dònghuàpiàn 명 애니메이션

듣기 **1** 녹음을 듣고 사진과 일치하면 ○, 일치하지 않으면 X를 표시하세요.

TRACK 242

(1)

(2)

(3)

듣기 **2** 녹음을 듣고 질문에 알맞은 답을 고르세요.

TRACK 243

(1) 男的想做什么?

　Ⓐ 玩儿游戏　　　Ⓑ 出去玩儿　　　Ⓒ 看电视

(2) 男的先要做什么?

　Ⓐ 看电视　　　Ⓑ 做作业　　　Ⓒ 吃晚饭

 읽기 **1** 주요 표현의 쓰임새에 주의하며 문장을 소리 내어 읽어보세요.

TRACK 244

(1) 这个房子宽敞是宽敞，就是交通不方便。
　　Zhè ge fángzi kuānchang shì kuānchang, jiù shì jiāotōng bù fāngbiàn.

(2) 这条裤子舒服是舒服，就是膝盖上破了个洞。
　　Zhè tiáo kùzi shūfu shì shūfu, jiù shì xīgài shang pò le ge dòng.

(3) 只有报名，才能参加考试。
　　Zhǐyǒu bàomíng, cái néng cānjiā kǎoshì.

(4) 只有携带身份证，才能进火车站。
　　Zhǐyǒu xiédài shēnfènzhèng, cái néng jìn huǒchēzhàn.

읽기 2　문장 구조에 주의하며 끊어 읽어보세요.　　　　　TRACK 245

(1) 申请会员的 / 程序 / 太复杂了。

(2) 我 / 告诉你 / 一个 / 中国网站。

(3) 我昨天 / 上了 / 那个网站， / 但是 / 下载不了。

쓰기 1　다음 빈칸에 들어갈 중국어와 한어병음을 써 보세요.

	중국어	한어병음

(1) 交通问题是很 _____ 的。

교통 문제는 매우 복잡한 것이다.

_____　_____

(2) 这个资料可以在 _____ 上下载。

이 자료는 웹사이트에서 다운로드 할 수 있다.

_____　_____

(3) 电影没有 _____ ，我都看不懂。

영화에 자막이 없어서, 나는 이해할 수 없다.

_____　_____

쓰기 2　다음 어휘를 어순에 맞게 배열하여 문장을 완성하세요.

(1) 买票 / 进去 / 才 / 只有 / 能

→ _____

(2) 就是 / 漂亮 / 太贵 / 漂亮 / 是 / 了

→ _____

(3) 能 / 努力 / 只有 / 健康 / 才 / 运动

→ _____

❋ 연습은 실전같이!

말하기 🔊 그림을 보고 괄호 안의 표현을 참고하여 대화를 완성하세요. **TRACK 246**

(1)

女 你还没有手机吗?

Nǐ hái méiyǒu shǒujī ma?

男 妈妈说 ＿＿＿＿＿＿＿ , ＿＿＿＿＿＿＿ 。 只有…才…

Māma shuō ＿＿＿＿＿＿＿ , ＿＿＿＿＿＿＿ .

(2)

男 你最近新搬的房子怎么样?

Nǐ zuìjìn xīn bān de fángzi zěnmeyàng?

女 那个房子宽敞是宽敞, ＿＿＿＿＿＿＿＿＿＿＿＿ 。 就是

Nà ge fángzi kuānchang shì kuānchang, ＿＿＿＿＿＿＿＿＿＿＿＿ .

(3)

男 我想借这本书。

Wǒ xiǎng jiè zhè běn shū.

女 ＿＿＿＿＿＿＿＿＿＿＿＿ 。 只有…才…

＿＿＿＿＿＿＿＿＿＿＿＿ .

+ Plus Page 여행 표현

游客 **我的护照丢了。**
Wǒ de hùzhào diū le.
내 여권을 잃어버렸어요.

警察 **您是哪国人？我帮您联系领事馆。**
Nín shì nǎ guó rén? Wǒ bāng nín liánxì lǐngshìguǎn.
당신은 어느 나라 사람입니까? 제가 영사관에 연락해 드릴게요.

游客 **我不会说汉语，请帮我找会说韩语的人。**
Wǒ bú huì shuō Hànyǔ, qǐng bāng wǒ zhǎo huì shuō Hányǔ de rén.
제가 중국어를 못해요. 한국어를 할 수 있는 분을 좀 찾아주세요.

领事馆
职员 **好的，请稍等。**
Hǎo de, qǐng shāo děng.
알겠어요. 잠시만 기다려 주세요.

WORDS

护照 hùzhào 몡 여권 　　　联系 liánxì 동 연락하다 　　　领事馆 lǐngshìguǎn 몡 영사관

+PLUS
联系方式 liánxì fāngshì 몡 연락 방식 　　出示 chūshì 동 제시하다, 내보이다 　　滞留 zhìliú 동 체류하다

수리비가
그렇게 비싸게 된
이상, 새것으로
바꿀래요.

※ 주요 표현

• 내가 대신 갈게요.

• 수리비가 그렇게 비싸게 된 이상, 새것으로
  바꿀래요.

※ 핵심 어법

• 동사 替

• 접속사 既然…就

✳ 회화의 토대는 **어법**

A 早上不小心把手机摔到地上，屏幕碎了。

Zǎoshang bù xiǎoxīn bǎ shǒujī shuāi dào dì shang, píngmù suì le.

아침에 조심하지 못하고 휴대 전화를 바닥에 떨어트려서 액정이 깨졌어.

B 给我看看，哎呀，不能开机了。 보여줘봐. 아이고, 휴대 전화가 켜지지도 않네.

Gěi wǒ kànkan, āiyā, bù néng kāijī le.

A 我得赶紧跑外勤，你帮我换屏幕吧。

Wǒ děi gǎnjǐn pǎo wàiqín, nǐ bāng wǒ huàn píngmù ba.

나는 급히 외근 가야 해. 나 좀 도와서 액정을 바꿔줘.

B 行，没问题，我替你去。 그래. 문제없어. 내가 대신 갈게.

Xíng, méi wèntí, wǒ tì nǐ qù.

替는 '~을 대신하다'는 의미의 동사로, 우리말의 '나를 대신해 그에게
전해 줘.'와 같이 말할 때 쓰이는 표현이에요. 행위를 대신하는 주체가
주어로 오고 원래 하려던 주체는 替 뒤에 와요.

WORDS

小心 xiǎoxīn 동 조심하다, 주의하다
摔 shuāi 동 떨어트리다, 넘어지다
地上 dì shang 바닥
屏幕 píngmù 명 액정, 화면
碎 suì 동 부서지다, 깨지다
开机 kāijī 동 기계를 가동하다
赶紧 gǎnjǐn 부 서둘러, 급히
跑 pǎo 동 (어떤 일을 위해) 분주히
뛰어다니다
外勤 wàiqín 동 외근하다
替 tì 동 대신하다
转告 zhuǎngào 동 전달하다
报告 bàogào 명 보고서
住院 zhùyuàn 동 입원하다
手续 shǒuxù 명 수속, 절차

✳ 교체 연습　　　　　　　TRACK 249

주어 대신하는 주체	+ 替 +	대상 원래 주체	+ 동사 +	목적어 。
我	替	你	去	换屏幕
你	替	我	转告	他这件事
他	替	我	写	报告
我	替	朋友	办	住院手续

B 喂，我在维修中心，他们说摄像头也坏了。
Wéi, wǒ zài wéixiū zhōngxīn, tāmen shuō shèxiàngtóu yě huài le.
여보세요? 나 서비스 센터인데, 카메라 렌즈도 고장 났대.

A 那么严重啊，能修吗? 그렇게 심각해? 고칠 수 있어?
Nàme yánzhòng a, néng xiū ma?

B 能修，但是修理费特别高。 고칠 수는 있는데, 수리비가 굉장히 비싸대.
Néng xiū, dànshì xiūlǐ fèi tèbié gāo.

A 既然修理费那么高，就换一个新的吧。
Jìrán xiūlǐ fèi nàme gāo, jiù huàn yí ge xīn de ba.
수리비가 그렇게 비싸게 된 이상, 새것으로 바꿀래.

이미 실현되었거나 확정된 원인이나 이유를 제기할 때에는 '이미(기왕) 이렇게 된 바에야'라는 의미의 접속사 既然으로 표현해요. 주로 뒤에 부사 就를 동반하여 결론을 제시하며 마무리 해요.

WORDS

维修中心 wéixiū zhōngxīn 몡 서비스 센터
摄像头 shèxiàngtóu 몡 카메라 렌즈
修 xiū 통 수리하다
修理 xiūlǐ 통 수리하다
费 fèi 몡 비용
既然…就… jìrán…jiù… 기왕 그렇게 된 이상, 이미 이렇게 된 바에야
分手 fēnshǒu 통 헤어지다
想 xiǎng 통 보고 싶다, 생각하다

＊ 교체 연습 _____ TRACK 251

既然 + 확정된 원인/이유, + 就 + 결론 。

既然	修理费那么高,	就	换一个新的吧
既然	来这个公司了,	就	适应新环境吧
既然	分手了,	就	别再想他了
既然	决定了,	就	开始做吧

✳ **회화를 내 것으로!**

A 早上不小心把手机摔到地上，屏幕碎了。
Zǎoshang bù xiǎoxīn bǎ shǒujī shuāi dào dì shang, píngmù suì le.

B 给我看看，哎呀，不能开机了。
Gěi wǒ kànkan, āiyā, bù néng kāijī le.

A 我得赶紧跑外勤，你帮我换屏幕吧。
Wǒ děi gǎnjǐn pǎo wàiqín, nǐ bāng wǒ huàn píngmù ba.

B 行，没问题，我替你去。
Xíng, méi wèntí, wǒ tì nǐ qù.

过了一会儿
guò le yíhuìr

B 喂，我在维修中心，他们说摄像头也坏了。
Wéi, wǒ zài wéixiū zhōngxīn, tāmen shuō shèxiàngtóu yě huài le.

A 那么严重啊，能修吗?
Nàme yánzhòng a, néng xiū ma?

B 能修，但是修理费特别高。
Néng xiū, dànshì xiūlǐ fèi tèbié gāo.

A 既然修理费那么高，就换一个新的吧。
Jìrán xiūlǐ fèi nàme gāo, jiù huàn yí ge xīn de ba.

해석

A 아침에 조심하지 못하고 휴대 전화를 바닥에 떨어트려서 액정이 깨졌어.

B 보여줘봐. 아이고, 휴대 전화가 켜지지도 않네.

A 나는 급히 외근 가야 해. 나 좀 도와서 액정을 바꿔줘.

B 그래. 문제없어. 내가 대신 갈게.

(잠시 후)

B 여보세요? 나 서비스 센터인데, 카메라 렌즈도 고장 났대.

A 그렇게 심각해? 고칠 수 있어?

B 고칠 수는 있는데, 수리비가 굉장히 비싸대.

A 수리비가 그렇게 비싸게 된 이상, 새것으로 바꿀래.

✳ 실전같이 **말하기**

 怎么办？晚饭还没做呢。

Zěnme bàn? Wǎnfàn hái méi zuò ne.

没关系，我 _____ 你做吧。

Méi guānxi, wǒ _____ nǐ zuò ba.

 你能做吗？还是我做吧。

Nǐ néng zuò ma? Háishi wǒ zuò ba.

没问题，_____ 你感冒了，_____ 多休息吧。

Méi wèntí, _____ nǐ gǎnmào le, _____ duō xiūxi ba.

WORDS

怎么办 zěnme bàn 때 어떡하다, 어찌하다

듣기 1 녹음을 듣고 사진과 일치하면 ○, 일치하지 않으면 X를 표시하세요. TRACK 255

(1)

(2)

(3)

듣기 2 녹음을 듣고 질문에 알맞은 답을 고르세요. TRACK 256

(1) 儿子的生日是哪天?

Ⓐ 周五　　　　　　Ⓑ 周六　　　　　　Ⓒ 周日

(2) 男的为什么不能去游乐场?

Ⓐ 替同事上班　　Ⓑ 替同事买礼物　　Ⓒ 同事过生日

읽기 1 주요 표현의 쓰임새에 주의하며 문장을 소리 내어 읽어보세요. TRACK 257

(1) 我替朋友办住院手续。
Wǒ tì péngyou bàn zhùyuàn shǒuxù.

(2) 你替我转告他这件事。
Nǐ tì wǒ zhuǎngào tā zhè jiàn shì.

(3) 既然分手了，就别再想他了。
Jìrán fēnshǒu le, jiù bié zài xiǎng tā le.

(4) 既然来这个公司了，就适应新环境吧。
Jìrán lái zhè ge gōngsī le, jiù shìyìng xīn huánjìng ba.

읽기 2 문장 구조에 주의하며 끊어 읽어보세요.　TRACK 258

(1) 能修，/ 但是 / 修理费 / 特别高。

(2) 不小心 / 把手机 / 摔到地上，/ 屏幕碎了。

(3) 我在 / 维修中心，/ 他们说 / 摄像头 / 也坏了。

쓰기 1 다음 빈칸에 들어갈 중국어와 한어병음을 써 보세요.

	중국어	한어병음

(1) 我的电脑不能 ＿＿＿＿＿ 了。

　　내 컴퓨터가 켜지지 않는다.

＿＿＿＿＿＿　＿＿＿＿＿＿

(2) ＿＿＿＿＿ 需要多长时间？

　　수리하는 데 시간이 얼마나 걸려요?

＿＿＿＿＿＿　＿＿＿＿＿＿

(3) 快春节了，＿＿＿＿＿ 买礼物吧。

　　곧 춘절이야. 서둘러 선물을 사자.

＿＿＿＿＿＿　＿＿＿＿＿＿

쓰기 2 다음 어휘를 어순에 맞게 배열하여 문장을 완성하세요.

(1) 我 / 写报告 / 替同事 / 得

→ ＿＿＿＿＿＿＿＿＿＿＿＿＿＿＿＿＿＿＿＿

(2) 别 / 身体 / 既然 / 就 / 上班了 / 不舒服

→ ＿＿＿＿＿＿＿＿＿＿＿＿＿＿＿＿＿＿＿＿

(3) 公交车 / 既然 / 坐 / 吧 / 已经 / 就 / 迟到了

→ ＿＿＿＿＿＿＿＿＿＿＿＿＿＿＿＿＿＿＿＿

연습은 **실전같이!**

🔊 **말하기** 그림을 보고 괄호 안의 표현을 참고하여 대화를 완성하세요. TRACK 259

(1)

男 我的住院手续办了吗?
　　Wǒ de zhùyuàn shǒuxù bàn le ma?

女 已经办了，同事 _____。 替
　　Yǐjīng bàn le, tóngshì _____.

(2)

女 你看百货商店正在打折呢。
　　Nǐ kàn bǎihuò shāngdiàn zhèngzài dǎzhé ne.

女 _____。 既然…就…
　　_____.

(3)

女 这些东西你能搬吗?
　　Zhè xiē dōngxi nǐ néng bān ma?

女 不能，一会儿朋友们过来 _____。 替
　　Bù néng, yíhuìr péngyoumen guòlái _____.

+ Plus Page 여행 표현

游客 **我的包被抢了。**
Wǒ de bāo bèi qiǎng le.
제 가방을 도둑 맞았어요.

路人 **别着急，我帮你报警。**
Bié zháojí, wǒ bāng nǐ bàojǐng.
조급해 하지 마세요. 제가 경찰에 신고해 드릴게요.

游客 **我的行李不见了，怎么办？**
Wǒ de xíngli bújiàn le, zěnme bàn?
제 짐이 안보여요. 어떡하죠?

职员 **你去失物招领中心问问吧。**
Nǐ qù shīwù zhāolǐng zhōngxīn wènwen ba.
유실물 센터에 가서 물어보세요.

WORDS

抢 qiǎng 동 빼앗다   着急 zháojí 형 조급해 하다   报警 bàojǐng 동 신고하다
不见 bújiàn 동 보이지 않다, 찾지 못하다   失物招领中心 shīwù zhāolǐng zhōngxīn 유실물 센터

+PLUS
投诉 tóusù 동 신고하다   假货 jiǎhuò 명 위조품, 모조품   客服中心 kèfú zhōngxīn 고객서비스 센터

❋ 趁 ~를 이용해서, ~를 틈타서

我要趁这次机会尝尝四川麻辣烫。 나 이번 기회에 쓰촨 마라탕을 맛보려고요.
Wǒ yào chèn zhè cì jīhuì chángchang Sìchuān málàtàng.

❋ [一 + 양사 + 명사] + 也/都 + 不/没… ~만큼 ~하지 않다

四川人说的话我一个字都没听懂。 쓰촨 사람들이 하는 말을 나는 한 글자도 못 알아들었어요.
Sìchuān rén shuō de huà wǒ yí ge zì dōu méi tīng dǒng.

• 대화 속 빈칸을 채우세요.

A 妈妈，我回来了，有饭吗？
   Māma, wǒ huílái le, yǒu fàn ma?

B 你没吃饭吗？
   Nǐ méi chīfàn ma?

A 我今天很忙，_____ 饭 _____ 没吃。
   Wǒ jīntiān hěn máng, _____ fàn _____ méi chī.

B 那 _____ 你换衣服，我给你煮方便面。
   Nà _____ nǐ huàn yīfu, wǒ gěi nǐ zhǔ fāngbiànmiàn.

❋ 对…感兴趣 ~에 관심이 있다

我对电子行业很感兴趣。 나는 전자 산업에 관심이 많이 있어요.
Wǒ duì diànzǐ hángyè hěn gǎn xìngqù.

❋ 被 ~에 의해 ~하다(피동)

我被那家公司录用了。 나는 그 회사에 채용됐어요.
Wǒ bèi nà jiā gōngsī lùyòng le.

• 대화 속 빈칸을 채우세요.

A 我 _____ 韩国音乐很 _____ ，打算去韩国看K-POP演唱会。
   Wǒ _____ Hánguó yīnyuè hěn _____ , dǎsuàn qù Hánguó kàn K-POP
   yǎnchànghuì.

B 那你打算什么时候去？
   Nà nǐ dǎsuàn shénme shíhou qù?

A 这件事 _____ 妈妈发现了，现在我不能去了。
   Zhè jiàn shì _____ māma fāxiàn le, xiànzài wǒ bù néng qù le.

B 太遗憾了。
   Tài yíhàn le.

只要…就… ~하기만 하면, ~하다

最近我只要有时间，就练习画画儿。　나는 요즘 시간만 있으면 그림 그리는 연습해요.
Zuìjìn wǒ zhǐyào yǒu shíjiān, jiù liànxí huà huàr.

值得 ~할만한 가치가 있다

我也觉得画画儿值得花时间去学。
Wǒ yě juéde huà huàr zhídé huā shíjiān qù xué.
내 생각에도 그림 그리는 것은 배울만한 가치가 있다고 생각해요.

- 대화 속 빈칸을 채우세요.

A 有时间时，你做什么？
　Yǒu shíjiān shí, nǐ zuò shénme?

B 我 _____ 有时间，_____ 去济州岛。
　Wǒ _____ yǒu shíjiān, _____ qù Jìzhōudǎo.

A 你为什么这么喜欢去那儿？
　Nǐ wèishénme zhème xǐhuan qù nàr?

B 济州岛很漂亮，_____ 去玩儿。
　Jìzhōudǎo hěn piàoliang, _____ qù wánr.

A是A，就是… A는 A인데, ~이다

网上有是有，就是没有汉语字幕。　인터넷에 있긴 있는데, 중국어 자막이 없어요.
Wǎngshang yǒu shì yǒu, jiù shì méiyǒu Hànyǔ zìmù.

只有…才… ~해야만, 비로소 ~하다

只有加入会员，才能付费下载。　회원 가입을 해야지만, 유료 다운로드 받을 수 있어요.
Zhǐyǒu jiārù huìyuán, cái néng fùfèi xiàzài.

- 대화 속 빈칸을 채우세요.

A 这部动画片很有名，你看了吗？
　Zhè bù dònghuàpiàn hěn yǒumíng, nǐ kàn le ma?

B 我想看 _____ 想看，_____ 电影院里小孩儿太多。
　Wǒ xiǎng kàn _____ xiǎng kàn, _____ diànyǐngyuàn li xiǎoháir tài duō.

A 你 _____ 早上去看，_____ 没有小孩儿。
　Nǐ _____ zǎoshang qù kàn, _____ méiyǒu xiǎoháir.

B 太好了，谢谢你告诉我。
　Tài hǎo le, xièxie nǐ gàosu wǒ.

✳ **替** ~을 대신하다

我替你去。 내가 대신 갈게요.

Wǒ tì nǐ qù.

✳ **既然…就** 이미(기왕) 이렇게 된 바에야

既然修理费那么高，就换一个新的吧。

Jìrán xiūlǐ fèi nàme gāo, jiù huàn yí ge xīn de ba.

수리비가 그렇게 비싸게 된 이상, 새것으로 바꿀래요.

• 대화 속 빈칸을 채우세요.

A 怎么办？晚饭还没做呢。

Zěnme bàn? Wǎnfàn hái méi zuò ne.

B 没关系，我 _____ 你做吧。

Méi guānxi, wǒ _____ nǐ zuò ba.

A 你能做吗？还是我做吧。

Nǐ néng zuò ma? Háishi wǒ zuò ba.

B 没问题，_____ 你感冒了，_____ 多休息吧。

Méi wèntí, _____ nǐ gǎnmào le, _____ duō xiūxi ba.

memo

✳ 부록 ✳

정답

색인

정답

UNIT 01

15p 실전같이 말하기

女 你几点做运动?
Nǐ jǐ diǎn zuò yùndòng?
너는 몇 시에 운동해?

男 我从八点到九点半运动，你呢?
Wǒ cóng bā diǎn dào jiǔ diǎn bàn yùndòng, nǐ ne?
나는 8시부터 9시 반까지 운동해, 너는?

女 我跟你一样，每天下班后来。
Wǒ gēn nǐ yíyàng, měitiān xiàbān hòu lái.
너랑 같아. 매일 퇴근 후에 와.

男 想要健康真不容易。
Xiǎng yào jiànkāng zhēn bù róngyì.
건강을 지키는 게 정말 쉬운 일이 아니야.

16p 연습은 실전같이

• 듣기

01 (1) 我从十二点到六点睡觉。
Wǒ cóng shí'èr diǎn dào liù diǎn shuìjiào.
나는 12시부터 6시까지 잠을 잔다.

(2) 我的衣服跟他的差不多。
Wǒ de yīfu gēn tā de chàbuduō.
나의 옷은 그의 옷과 비슷하다.

(3) 弟弟的个子跟姐姐一样。
Dìdi de gèzi gēn jiějie yíyàng.
남동생의 키는 누나와 같다.

02 男 这个周末我们做什么?
Zhè ge zhōumò wǒmen zuò shénme?
이번 주말에 우리 무엇을 할까?

女 我们去游乐场玩儿吧。
Wǒmen qù yóulèchǎng wánr ba.
우리 놀이동산 가서 놀자.

男 怎么去? 打车去吗?
Zěnme qù? Dǎchē qù ma?
어떻게 가? 택시 타고 가?

女 打车去的时间跟坐地铁去的时间差不多，坐地铁去吧。
Dǎchē qù de shíjiān gēn zuò dìtiě qù de shíjiān chàbuduō, zuò dìtiě qù ba.
택시 타고 가는 시간이나 지하철 타는 시간이나 비슷해, 지하철 타고 가자.

男 好啊。
Hǎo a.
좋아.

01 (1) ×　　　　(2) ○　　　　(3) ○

02 (1) ⓑ　　　　(2) ⓒ

• 쓰기

01 (1) 考试什么时候开始?
Kǎoshì shénme shíhou kāishǐ?

(2) 那儿的天气跟首尔差不多。
Nàr de tiānqì gēn Shǒu'ěr chàbuduō.

(3) 我从一点到两点都得背。
Wǒ cóng yī diǎn dào liǎng diǎn dōu děi bèi.

02 (1) 我的衬衫跟朋友的一样。
Wǒ de chènshān gēn péngyou de yíyàng.
내 셔츠는 친구 것과 같다.

or 朋友的衬衫跟我的一样。
Péngyou de chènshān gēn wǒ de yíyàng.
친구의 셔츠는 내 것과 같다.

(2) 哈尔滨的冰灯节特别有名。
Hā'ěrbīn de Bīngdēng Jié tèbié yǒumíng.
하얼빈의 빙등제는 특히 유명하다.

(3) 从一月初到二月末都可以去看。
Cóng yī yuè chū dào èr yuè mò dōu kěyǐ qù kàn.
1월 초부터 2월 말까지 가면 볼 수 있다.

• 말하기

(1) 男 明天是星期六，你休息吗?
Míngtiān shì xīngqīliù, nǐ xiūxi ma?
내일 토요일이야, 너 쉬어?

女 不休息，我从早上九点到晚上六点工作。
Bù xiūxi, wǒ cóng zǎoshang jiǔ diǎn dào wǎnshang liù diǎn gōngzuò.
안 쉬어, 나는 아침 9시부터 저녁 6시까지 일해.

(2) 女 你怎么去哈尔滨?
Nǐ zěnme qù Hā'ěrbīn?
너는 하얼빈에 어떻게 가?

男 坐飞机，从北京到哈尔滨大概两个小时。
Zuò fēijī, cóng Běijīng dào Hā'ěrbīn dàgài liǎng ge xiǎoshí.
비행기를 타. 베이징에서 하얼빈까지 대략 두 시간 걸려.

(3) 男 你考得怎么样？
Nǐ kǎo de zěnmeyàng?
너 시험 본 거 어때?

女 不好，这次的成绩跟上次一样。
Bù hǎo, zhè cì de chéngjì gēn shàngcì yíyàng.
좋지 않아. 이번 성적은 지난번이랑 같아.

UNIT 02

25p **실전같이 말하기**

男 我想去迪斯尼乐园，但是美国太远了。
Wǒ xiǎng qù Dísīní lèyuán, dànshì Měiguó tài yuǎn le.
나는 디즈니에 가고 싶은데, 미국은 너무 멀어.

女 如果你想去迪斯尼的话，就去上海吧。
Rúguǒ nǐ xiǎng qù Dísīní de huà, jiù qù Shànghǎi ba.
만약 디즈니에 가고 싶으면, 상하이로 가.

男 好啊，如果我去的话，我会给你买礼物的。
Hǎo a, rúguǒ wǒ qù de huà, wǒ huì gěi nǐ mǎi lǐwù de.
좋아. 만약에 내가 가게 된다면, 너한테 선물을 사다 줄게.

女 太好了，我喜欢有米老鼠的T恤。
Tài hǎo le, wǒ xǐhuan yǒu Mǐlǎoshǔ de T xù.
너무 좋지. 나 미키마우스 티셔츠 좋아해.

26p **연습은 실전같이**

• **듣기**

스크립트

01 (1) 如果我有很多钱的话，想买一个房子。
Rúguǒ wǒ yǒu hěn duō qián de huà, xiǎng mǎi yí ge fángzi.
만약 내가 돈이 아주 많다면, 집을 한 채 사고 싶다.

(2) 早上妈妈说今天会下雨的。
Zǎoshang māma shuō jīntiān huì xiàyǔ de.
아침에 엄마께서 오늘 비가 올 거라고 말씀하셨다.

(3) 如果我一个人住的话，想要请朋友们来我家玩儿。
Rúguǒ wǒ yí ge rén zhù de huà, xiǎng yào qǐng péngyoumen lái wǒ jiā wánr.
만약에 나 혼자 산다면, 친구들을 집으로 초대하고 싶다.

02 男 好久不见，你最近在做什么呢？
Hǎojiǔ bú jiàn, nǐ zuìjìn zài zuò shénme ne?
오랜만이야, 너 요즘 뭐하고 지내?

女 工作太忙了，累死了。
Gōngzuò tài máng le, lèi sǐ le.
일이 너무 바빠, 피곤해 죽겠어.

男 如果你能休息一个月的话，想做什么？
Rúguǒ nǐ néng xiūxi yí ge yuè de huà, xiǎng zuò shénme?
만약에 한 달을 쉴 수 있다면, 너는 무엇을 하고 싶어?

女 我想睡觉、逛街、去旅行。
Wǒ xiǎng shuìjiào, guàngjiē, qù lǚxíng.
나는 잠을 자고, 쇼핑하고, 여행을 가고 싶어.

男 如果我也能休息一个月的话，我也想去旅行。
Rúguǒ wǒ yě néng xiūxi yí ge yuè de huà, wǒ yě xiǎng qù lǚxíng.
만약에 나도 한 달을 쉴 수 있다면, 나 또한 여행을 가고 싶어.

01 (1) ✕　　　　**(2)** ○　　　　**(3)** ○

02 (1) ⑧　　　　**(2)** ⓒ

• **쓰기**

01 (1) 我觉得你会通过的。
Wǒ juéde nǐ huì tōngguò de.

(2) 我打算明年去迪斯尼乐园。
Wǒ dǎsuàn míngnián qù Dísīní lèyuán.

(3) 累死了，晚上想吃外卖。
Lèi sǐ le, wǎnshang xiǎng chī wàimài.

02 (1) 父母会相信你的。
Fùmǔ huì xiāngxìn nǐ de.
부모님은 너를 믿을 것이다.

(2) 真希望能通过面试。
Zhēn xīwàng néng tōngguò miànshì.
면접에 통과할 수 있기를 정말 희망한다.

(3) 如果你有很多钱的话，最想做什么？
Rúguǒ nǐ yǒu hěn duō qián de huà, zuì xiǎng zuò shénme?
만약에 당신이 돈이 많다면, 제일 무엇을 하고 싶은가요?

• **말하기**

(1) 男 你买不买这名牌运动鞋？
Nǐ mǎi bu mǎi zhè míngpái yùndòngxié?
너 이 명품 운동화 살거야?

女 如果我有钱的话，就买两双。
Rúguǒ wǒ yǒu qián de huà, jiù mǎi liǎng shuāng.
만약에 내가 돈이 있다면, 두 켤레를 살거야.

(2) 女 你要给女朋友买什么？
Nǐ yào gěi nǚpéngyou mǎi shénme?
너 여자친구에게 무엇을 사주고 싶어?

男　我要给她买花，她会喜欢的。
　　Wǒ yào gěi tā mǎi huā, tā huì xǐhuan de.
　　나는 그녀에게 꽃을 사주고 싶어, 그녀가 틀림없이 좋아할거야.

(3) 男　妈妈，我想吃冰淇淋。
　　Māma, wǒ xiǎng chī bīngqílín.
　　엄마, 나 아이스크림 먹고 싶어요.

男　如果你做完作业的话，我就给你买冰淇淋。
　　Rúguǒ nǐ zuò wán zuòyè de huà, wǒ jiù gěi nǐ mǎi bīngqílín.
　　만약에 숙제를 다 끝낸다면, 내가 아이스크림 사줄게.

UNIT 03

35p　실전같이 말하기

男　你周末来我家吃饭吧。
　　Nǐ zhōumò lái wǒ jiā chīfàn ba.
　　너 주말에 우리 집에 와서 밥 먹자.

女　好，你打算做什么菜？
　　Hǎo, nǐ dǎsuàn zuò shénme cài?
　　좋아, 너 무슨 요리 만들 거야?

男　我从来没做过饭，我妈妈会给我们做很多菜的。
　　Wǒ cónglái méi zuò guo fàn, wǒ māma huì gěi wǒmen zuò hěn duō cài de.
　　나는 지금까지 음식을 만들어본 적 없어, 엄마가 우리에게 요리를 많이 해줄 거야.

女　我以为你给我做菜呢。
　　Wǒ yǐwéi nǐ gěi wǒ zuò cài ne.
　　나는 네가 요리를 만들어주는 줄 알았어.

36p　연습은 실전같이

• 듣기
　　　　　　　　　　　　　　　　스크립트

01 (1) 我从来没开过车，每天坐公交车上班。
　　Wǒ cónglái méi kāi guo chē, měitiān zuò gōngjiāochē shàngbān.
　　나는 지금까지 운전을 해본 적이 없어서, 매일 버스를 타고 출근한다.

(2) 他从来没喝过酒。
　　Tā cónglái méi hē guo jiǔ.
　　그는 지금까지 술을 마셔본 적이 없다.

(3) 我以为她还没大学毕业。
　　Wǒ yǐwéi tā hái méi dàxué bìyè.
　　나는 그녀가 아직 대학교 졸업을 하지 않았다고 생각했다.

02 男　明天一起去公园吧，我从来没在那儿骑过自行车。
　　Míngtiān yìqǐ qù gōngyuán ba, wǒ cónglái méi zài nàr qí guo zìxíngchē.
　　내일 같이 공원에 가자. 나는 지금까지 그곳에서 자전거를 타본 적이 없어.

女　我明天上班，不能去。
　　Wǒ míngtiān shàngbān, bù néng qù.
　　나는 내일 출근해서 갈 수가 없어.

男　明天是星期六，你为什么上班？
　　Míngtiān shì xīngqīliù, nǐ wèishénme shàngbān?
　　내일 토요일인데, 너 왜 출근해?

女　明天不是星期六，是星期五。
　　Míngtiān bú shì xīngqīliù, shì xīngqīwǔ.
　　내일 토요일 아니야. 금요일이야.

男　真的吗？我以为今天是星期五。
　　Zhēn de ma? Wǒ yǐwéi jīntiān shì xīngqīwǔ.
　　정말? 나는 오늘 금요일인 줄 알았어.

01 (1) ○　　　(2) ×　　　(3) ×
02 (1) ⓒ　　　(2) Ⓐ

• 쓰기
01 (1) 我不喜欢抽烟的男人。
　　Wǒ bù xǐhuan chōuyān de nánrén.

(2) 原来是你爸爸做菜。
　　Yuánlái shì nǐ bàba zuò cài.

(3) 周末我有足球比赛。
　　Zhōumò wǒ yǒu zúqiú bǐsài.

02 (1) 我从来没坐过船。
　　Wǒ cónglái méi zuò guo chuán.
　　나는 지금까지 배를 타본 적이 없다.

(2) 我以为今天会下雨。
　　Wǒ yǐwéi jīntiān huì xiàyǔ.
　　나는 오늘 비가 올 것이라고 생각했다.

(3) 我以为你在中国生活过。
　　Wǒ yǐwéi nǐ zài Zhōngguó shēnghuó guo.
　　나는 네가 중국에서 생활한 적이 있다고 생각했다.

• 말하기
(1) 男　你怎么在这儿，我以为你已经下班了。
　　Nǐ zěnme zài zhèr, wǒ yǐwéi nǐ yǐjīng xiàbān le.
　　너 어째서 여기 있어. 나는 네가 이미 퇴근한 줄 알았어.

女　我的工作没做完。
　　Wǒ de gōngzuò méi zuò wán.
　　나 일이 아직 안 끝났어.

(2) 女 妈妈，我那件红衣服在哪儿？
Māma, wǒ nà jiàn hóng yīfu zài nǎr?
엄마, 내 그 빨간 옷 어디 있어요?

女 我洗了，我以为你不穿。
Wǒ xǐ le, wǒ yǐwéi nǐ bù chuān.
빨았어. 네가 안 입는 줄 알았어.

(3) 男 你这周末打算做什么？
Nǐ zhè zhōumò dǎsuàn zuò shénme?
이번 주말에 무엇을 할 계획이에요?

女 我从来没去爬过山，打算跟朋友一起去。
Wǒ cónglái méi qù pá guo shān, dǎsuàn gēn péngyou yìqǐ qù.
나는 지금까지 등산을 가본 적이 없어서, 친구와 같이 갈 계획이에요.

UNIT 04

45p 실전같이 말하기

女 我们去这家饭店吃午饭怎么样？
Wǒmen qù zhè jiā fàndiàn chī wǔfàn zěnmeyàng?
우리 이 식당 가서 점심 먹는 거 어때?

男 这家饭店一点儿也不好吃。
Zhè jiā fàndiàn yìdiǎnr yě bù hǎochī.
이 식당 (음식이) 전혀 맛있지 않아.

女 你怎么知道？去过吗？
Nǐ zěnme zhīdào? Qù guo ma?
어떻게 알아? 가본 적이 있어?

男 去过，我是上周去的。
Qù guo, wǒ shì shàngzhōu qù de.
가본 적이 있어, 지난주에 가봤어.

46p 연습은 실전같이

• 듣기
01 (1) 我今天是七点起床的。
Wǒ jīntiān shì qī diǎn qǐchuáng de.
나는 오늘 7시에 일어났다.

(2) 我一点儿也不饿。
Wǒ yì diǎnr yě bú è.
나는 조금도 배가 고프지 않다.

(3) 我是坐船去日本的。
Wǒ shì zuò chuán qù Rìběn de.
나는 배를 타고 일본에 간 것이다.

02 男 你买新手表了！
Nǐ mǎi xīn shǒubiǎo le!
너 시계 새로 샀구나!

女 是啊，我是昨天买的。
Shì a, wǒ shì zuótiān mǎi de.
응, 어제 샀어.

男 你是在哪儿买的？
Nǐ shì zài nǎr mǎi de?
너 어디에서 (시계를) 샀어?

女 我是在百货商店买的。
Wǒ shì zài bǎihuò shāngdiàn mǎi de.
백화점에서 샀어.

男 这个手表很贵吧？
Zhè ge shǒubiǎo hěn guì ba?
이 시계 아주 비싸지?

女 对啊，一点儿都不便宜。
Duì a, yìdiǎnr dōu bù piányi.
맞아. 조금도 싸지 않아.

01 (1) ✕   (2) ○   (3) ✕
02 (1) Ⓐ   (2) Ⓒ

• 쓰기
01 (1) 他已经离开韩国了。
Tā yǐjīng líkāi Hánguó le.

(2) 我发现他是我喜欢的类型。
Wǒ fāxiàn tā shì wǒ xǐhuan de lèixíng.

(3) 我的感冒很严重，不想出去。
Wǒ de gǎnmào hěn yánzhòng, bù xiǎng chūqù.

02 (1) 你们是什么时候出国的？
Nǐmen shì shénme shíhou chūguó de?
당신들은 언제 출국을 했나요?

(2) 我是跟朋友一起看电影的。
Wǒ shì gēn péngyou yìqǐ kàn diànyǐng de.
나는 친구랑 같이 영화를 봤다.

(3) 我一点儿也不喜欢这件衣服。
Wǒ yìdiǎnr yě bù xǐhuan zhè jiàn yīfu.
나는 이 옷이 조금도 마음에 들지 않는다.

• 말하기
(1) 女 你怎么不吃这个菜？
Nǐ zěnme bù chī zhè ge cài?
너는 어째서 이 요리를 안 먹니?

男 我一点儿也不喜欢吃这个菜。
Wǒ yìdiǎnr yě bù xǐhuan chī zhè ge cài.
저는 이 요리를 조금도 좋아하지 않아요.

230

(2) 男 这个蛋糕是你买的吗？真漂亮！
Zhè ge dàngāo shì nǐ mǎi de ma? Zhēn piàoliang!
이 케이크는 네가 산 거야? 진짜 예쁘다!

女 不，这是我做的。
Bù, zhè shì wǒ zuò de.
아니. 내가 만든 거야.

(3) 女 你感冒了，不能去玩儿。
Nǐ gǎnmào le, bù néng qù wánr.
너 감기 걸려서 놀러 가면 안돼.

男 没问题，我的感冒一点儿都不严重。
Méi wèntí, wǒ de gǎnmào yìdiǎn dōu bù yánzhòng.
문제 없어요. 감기가 조금도 심하지 않아요.

UNIT 05

55p **실전같이 말하기**

女 他是谁？长得太帅了！
Tā shì shéi? Zhǎng de tài shuài le!
그는 누구야? 너무 잘생겼다.

女 他虽然很帅，但是特别喜欢抽烟、喝酒。
Tā suīrán hěn shuài, dànshì tèbié xǐhuan chōuyān、hē jiǔ.
그는 비록 잘 생겼지만, 담배 피고 술 마시는 것을 너무 좋아해.

女 他是我喜欢的类型，你还是介绍给我吧。
Tā shì wǒ xǐhuan de lèixíng, nǐ háishi jièshào gěi wǒ ba.
내가 너무 좋아하는 스타일이야, 나에게 소개해주는 것이 낫겠어.

女 好吧，我帮你介绍吧。
Hǎo ba, wǒ bāng nǐ jièshào ba.
그래, 내가 너를 도와서 소개해줄게.

56p **연습은 실전같이**

• 듣기

01 (1) 这双鞋虽然很漂亮，但是不适合我。
Zhè shuāng xié suīrán hěn piàoliang, dànshì bú shìhé wǒ.
이 신발은 너무 예쁜데, 나한테는 어울리지 않는다.

(2) 他虽然感冒了，但是还在公司工作呢。
Tā suīrán gǎnmào le, dànshì hái zài gōngsī gōngzuò ne.
그는 감기에 걸렸지만, 아직도 회사에서 일한다.

(3) 我们还是回家休息吧。
Wǒmen háishi huíjiā xiūxi ba.
우리 아무래도 집에 가서 쉬는 게 낫겠다.

02 男 到中午了，我们去吃饭吧。
Dào zhōngwǔ le, wǒmen qù chīfàn ba.
점심시간이다. 우리 밥 먹으러 가자.

女 我虽然有点儿饿，但是没有时间。
Wǒ suīrán yǒudiǎnr è, dànshì méiyǒu shíjiān.
나 조금 배고프긴 한데, 시간이 없어.

男 那我帮你买饭吧。
Nà wǒ bāng nǐ mǎi fàn ba.
그러면 내가 너 대신 밥을 사 올게.

女 我不想吃饭，你还是帮我买咖啡吧。
Wǒ bù xiǎng chīfàn, nǐ háishi bāng wǒ mǎi kāfēi ba.
나는 밥을 먹고 싶지 않아, 커피나 사다 주는 게 나아.

男 好，我买美式咖啡吧。
Hǎo, wǒ mǎi měishì kāfēi ba.
좋아, 아메리카노 사 올게.

01 (1) ○ **(2)** ○ **(3)** ×

02 (1) Ⓐ **(2)** Ⓒ

• 쓰기

01 (1) 我用业余时间学跳舞。
Wǒ yòng yèyú shíjiān xué tiàowǔ.

(2) 现在堵车很厉害，太无聊了。
Xiànzài dǔchē hěn lìhai, tài wúliáo le.

(3) 阳光太好了，我们出去吧。
Yángguāng tài hǎo le, wǒmen chūqù ba.

02 (1) 我们还是明天再来吧。
Wǒmen háishi míngtiān zài lái ba.
우리 아무래도 내일 다시 오자.

(2) 虽然很想买，但是没有钱。
Suīrán hěn xiǎng mǎi, dànshì méiyǒu qián.
비록 매우 사고 싶지만, 돈이 없다.

or 虽然没有钱，但是很想买。
Suīrán méiyǒu qián, dànshì hěn xiǎng mǎi.
비록 돈은 없지만, 매우 사고 싶다.

(3) 这件衣服不适合我，还是不买吧。
Zhè jiàn yīfu bú shìhé wǒ, háishi bù mǎi ba.
이 옷은 나에게 어울리지 않으니, 사지 않는 것이 낫다.

• 말하기

(1) 男 我感冒了，不舒服。
Wǒ gǎnmào le, bù shūfu.
나 감기 걸려서 아파.

男 你还是回家休息吧。
Nǐ háishi huíjiā xiūxi ba.
너 집에 가서 쉬는 게 좋겠어.

정답 **231**

(2) 男 爸爸不吃早饭吗？

Bàba bù chī zǎofàn ma?

아빠는 아침 안 드세요?

女 你爸爸还没起床，还是我们先吃吧。

Nǐ bàba hái méi qǐchuáng, háishi wǒmen xiān chī ba.

아빠는 아직 안 일어나셨어, 우리 먼저 먹는 것이 낫겠다.

(3) 男 天气这么好，我们出去吧。

Tiānqì zhème hǎo, wǒmen chūqù ba.

날씨가 이렇게 좋으니, 우리 나가자.

女 虽然阳光很好，但是外面特别冷。

Suīrán yángguāng hěn hǎo, dànshì wàimiàn tèbié lěng.

햇빛은 좋지만, 밖에 엄청 추워.

UNIT 06

69p **실전같이 말하기**

女 我饿了，我们吃饭吧。

Wǒ è le, wǒmen chīfàn ba.

나 배고파, 우리 밥 먹자.

男 好啊，在家吃还是出去吃？

Hǎo a, zài jiā chī háishi chūqù chī?

좋아. 집에서 먹어 아니면 나가서 먹어?

女 还是在家做饭吃吧。

Háishi zài jiā zuòfàn chī ba.

아무래도 집에서 만들어 먹는 것이 낫겠어.

男 那我看看冰箱里有什么。

Nà wǒ kànkan bīngxiāng li yǒu shénme.

그럼 내가 냉장고에 무엇이 있나 볼게.

70p **연습은 실전같이**

• 듣기　　　　　　　　　　　　　　 스크립트

01 **(1)** 我想试试那条项链。

Wǒ xiǎng shìshi nà tiáo xiàngliàn.

저 목걸이를 착용해 보고 싶어요.

(2) 你尝尝我在家里做的菜吧。

Nǐ chángchang wǒ zài jiā li zuò de cài ba.

내가 집에서 만든 음식 좀 먹어봐.

(3) 你要买裙子还是裤子？

Nǐ yào mǎi qúnzi háishi kùzi?

당신은 치마를 살 건가요, 아니면 바지를 살 건가요?

---

02 男 我知道一家很好吃的饭店。

Wǒ zhīdào yì jiā hěn hǎochī de fàndiàn.

나 아주 맛있는 식당 한 곳을 알고 있어.

你要不要尝尝。

Nǐ yào bu yào chángchang.

너 맛 볼거야 안 볼거야?

女 离这儿近不近？

Lí zhèr jìn bu jìn?

여기서 가까워?

男 有点儿远，今天去怎么样？

Yǒudiǎnr yuǎn, jīntiān qù zěnmeyàng?

조금 멀어. 오늘 가는 게 어때?

女 好啊，那我们坐地铁去还是坐公交车去？

Hǎo a, nà wǒmen zuò dìtiě qù háishi zuò gōngjiāochē qù?

좋아, 그러면 우리 지하철 타고 갈까, 아니면 버스 타고 갈까?

男 现在堵车，还是坐地铁吧。

Xiànzài dǔchē, háishi zuò dìtiě ba.

지금 차가 막혀서, 지하철 타고 가는 것이 낫겠어.

女 太好了，我要去尝尝。

Tài hǎo le, wǒ yào qù chángchang.

너무 좋다. 나 맛보러 갈래.

01 (1) ✕　　　(2) ✕　　　(3) ○

02 (1) Ⓑ　　　(2) Ⓒ

• 쓰기

01 (1) 我喜欢逛街买裙子。

Wǒ xǐhuan guàngjiē mǎi qúnzi.

(2) 爸爸给我买了一件正装。

Bàba gěi wǒ mǎi le yí jiàn zhèngzhuāng.

(3) 给我推荐一条好看的项链吧。

Gěi wǒ tuījiàn yì tiáo hǎokàn de xiàngliàn ba.

02 (1) 你想买项链还是手表？

Nǐ xiǎng mǎi xiàngliàn háishi shǒubiǎo?

너는 목걸이를 사고 싶어, 아니면 손목시계를 사고 싶어?

or 你想买手表还是项链？

Nǐ xiǎng mǎi shǒubiǎo háishi xiàngliàn?

너는 손목시계를 사고 싶어, 아니면 목걸이를 사고 싶어?

(2) 我们一起看一看有什么电影吧。

Wǒmen yìqǐ kàn yi kàn yǒu shénme diànyǐng ba.

우리 같이 어떤 영화가 있는지 보러 가자.

(3) 我们去听听王老师的课吧。

Wǒmen qù tīngting Wáng lǎoshī de kè ba.

우리 왕 선생님 수업 들으러 가자.

• **말하기**

(1) 男 我下周末打算去爬山。

Wǒ xià zhōumò dǎsuàn qù páshān.

나 다음 주말에 등산을 갈 계획이야.

男 我也想去，你周六去还是周日去？

Wǒ yě xiǎng qù, nǐ zhōuliù qù háishi zhōurì qù?

나도 가고 싶어. 너는 토요일에 가 아니면 일요일에 가?

or 我也想去，你星期六去还是星期天去？

Wǒ yě xiǎng qù, nǐ xīngqīliù qù háishi xīngqītiān qù?

나도 가고 싶어. 너는 토요일에 가 아니면 일요일에 가?

(2) 女 我觉得我很适合粉红色的。

Wǒ juéde wǒ hěn shìhé fěnhóngsè de.

내 생각에 나는 분홍색이 어울려.

男 那你试(一)试那件粉红色的衣服。

Nà nǐ shì (yi) shì nà jiàn fěnhóngsè de yīfu.

그럼 저 분홍색 옷을 입어봐.

(3) 女 这杯咖啡真好喝！

Zhè bēi kāfēi zhēn hǎohē!

이 커피 너무 맛있다!

男 在哪儿买的？在便利店买的还是在咖啡厅买的？

Zài nǎr mǎi de? Zài biànlìdiàn mǎi de háishi zài kāfēitīng mǎi de?

어디서 산 거야? 편의점에서 산 거야, 아니면 커피숍에서 산 거야?

or 在哪儿买的？在咖啡厅买的还是在便利店买的？

Zài nǎr mǎi de? Zài kāfēitīng mǎi de háishi zài biànlìdiàn mǎi de?

어디서 산 거야? 커피숍에서 산 거야, 아니면 편의점에서 산 거야?

UNIT 07

79p **실전같이 말하기**

女 周末我要去明洞逛街。

Zhōumò wǒ yào qù Míngdòng guàngjiē.

주말에 나는 명동에 쇼핑하러 갈 거야.

女 除了明洞以外，你还去哪儿？

Chúle Míngdòng yǐwài, nǐ hái qù nǎr?

명동 외에 너는 또 어디 갈 거야?

女 我还想去东大门，那儿离明洞不太远。

Wǒ hái xiǎng qù Dōngdàmén, nàr lí Míngdòng bú tài yuǎn.

나는 동대문에도 가고 싶어. 거기 명동에서 그렇게 멀지 않아.

女 我也跟你一起去吧，我们可以一边逛街一边聊天儿。

Wǒ yě gēn nǐ yìqǐ qù ba, wǒmen kěyǐ yìbiān guàngjiē yìbiān liáotiānr.

나도 너랑 같이 갈래. 우리 길거리 쇼핑하면서 수다 떨자.

80p **연습은 실전같이**

• **듣기**　　　　　　　　　　　　　　　스크립트

01 (1) 她平时喜欢一边听音乐一边运动。

Tā píngshí xǐhuan yìbiān tīng yīnyuè yìbiān yùndòng.

그녀는 평소에 음악 들으면서 운동하는 것을 좋아한다.

(2) 除了养小猫以外，她还养狗。

Chúle yǎng xiǎomāo yǐwài, tā hái yǎng gǒu.

그녀는 고양이 외에 강아지도 키운다.

(3) 他每天一边开车一边听汉语。

Tā měitiān yìbiān kāichē yìbiān tīng Hànyǔ.

그는 매일 운전하면서 중국어를 듣는다.

02 男 喂，妈，你在哪儿？

Wéi, mā, nǐ zài nǎr?

여보세요? 엄마, 어디세요?

女 我在超市买东西呢。

Wǒ zài chāoshì mǎi dōngxi ne.

엄마 시장에서 물건을 사고 있어.

男 买了什么？我想吃苹果。

Mǎi le shénme? Wǒ xiǎng chī píngguǒ.

뭐 사셨어요? 저는 사과 먹고 싶어요.

女 除了苹果以外，我还买了一个蛋糕。

Chúle píngguǒ yǐwài, wǒ hái mǎi le yí ge dàngāo.

사과 이외에 케이크도 하나 샀어.

男 太好了，那我打算一边吃蛋糕一边做作业。

Tài hǎo le, nà wǒ dǎsuàn yìbiān chī dàngāo yìbiān zuò zuòyè.

너무 좋아요! 그럼 저는 케이크를 먹으면서 숙제할래요.

01 (1) ○　　　　**(2)** ○　　　　**(3)** ×

02 (1) Ⓐ　　　　**(2)** Ⓑ

• **쓰기**

01 (1) 我在图书馆查资料呢。

Wǒ zài túshūguǎn chá zīliào ne.

(2) 我去便利店买了很多零食。
　　Wǒ qù biànlìdiàn mǎi le hěn duō língshí.

(3) 冰箱里有各种水果，你去吃吧。
　　Bīngxiāng li yǒu gèzhǒng shuǐguǒ, nǐ qù chī ba.

02 (1) 除了老师以外，还有学生。
　　Chúle lǎoshī yǐwài, hái yǒu xuéshēng.
　　선생님 외에, 학생도 있다.

or　除了学生以外，还有老师。
　　Chúle xuéshēng yǐwài, hái yǒu lǎoshī.
　　학생 외에, 선생님도 있다.

(2) 他们一边讨论一边吃零食。
　　Tāmen yìbiān tǎolùn yìbiān chī língshí.
　　그들은 토론하면서 간식을 먹는다.

or　他们一边吃零食一边讨论。
　　Tāmen yìbiān chī língshí yìbiān tǎolùn.
　　그들은 간식을 먹으면서 토론한다.

(3) 除了去饭店以外，我还去咖啡店。
　　Chúle qù fàndiàn yǐwài, wǒ hái qù kāfēidiàn.
　　식당을 간 것 외에, 나는 커피숍에도 갔다.

or　除了去咖啡店以外，我还去饭店。
　　Chúle qù kāfēidiàn yǐwài, wǒ hái qù fàndiàn.
　　커피숍을 간 것 외에, 나는 식당에도 갔다.

• 말하기
(1) 男 你为什么这么累？
　　Nǐ wèishénme zhème lèi?
　　너 왜 이렇게 피곤해 해?

女 我现在一边工作一边照顾孩子。
　　Wǒ xiànzài yìbiān gōngzuò yìbiān zhàogù háizi.
　　나 지금 일하면서 아이를 돌보고 있어.

(2) 男 你早饭吃了什么？
　　Nǐ zǎofàn chī le shénme?
　　너 아침에 무엇을 먹었어?

女 除了面包以外，还吃了包子。
　　Chúle miànbāo yǐwài, hái chī le bāozi.
　　빵 이외에, 만두도 먹었어.

(3) 女 你业余时间做什么？
　　Nǐ yèyú shíjiān zuò shénme?
　　너는 여가시간에 무엇을 하니?

男 除了摄影以外，还去健身。
　　Chúle shèyǐng yǐwài, hái qù jiànshēn.
　　사진 찍는 것 외에, 헬스도 하러 가.

89p 실전같이 말하기

男 你怎么不下班？
　　Nǐ zěnme bú xiàbān?
　　너 왜 퇴근 안 해?

女 老板让我加班。
　　Lǎobǎn ràng wǒ jiābān.
　　사장님이 야근하래.

男 几点能做完？
　　Jǐ diǎn néng zuò wán?
　　몇 시에 다 끝낼 수 있어?

女 工作太多了，我觉得今天做不完。
　　Gōngzuò tài duō le, wǒ juéde jīntiān zuò bu wán.
　　일이 너무 많아. 내 생각에 오늘 다 못 끝낼 것 같아.

90p 연습은 실전같이

• 듣기　　　　　　　　　　　　　　스크립트
01 (1) 太多了，我一个人吃不完。
　　Tài duō le, wǒ yí ge rén chī bu wán.
　　너무 많아서 나 혼자 다 못 먹는다.

(2) 爸爸不让我玩儿游戏。
　　Bàba bú ràng wǒ wánr yóuxì.
　　아빠는 나에게 게임을 못하게 한다.

(3) 妹妹让我买蛋糕。
　　Mèimei ràng wǒ mǎi dàngāo.
　　여동생은 나에게 케이크를 사오라고 했다.

02 男 你正在做什么呢？
　　Nǐ zhèngzài zuò shénme ne?
　　너 지금 뭐해?

女 我正在上网查资料。
　　Wǒ zhèngzài shàngwǎng chá zīliào.
　　나 인터넷으로 자료 찾아.

男 查什么资料？
　　Chá shénme zīliào?
　　무슨 자료 찾는데?

女 我下周要参加面试，正在找公司的
　　资料。
　　Wǒ xiàzhōu yào cānjiā miànshì, zhèngzài zhǎo
　　gōngsī de zīliào.
　　나 다음 주에 면접 보는데, 회사 자료를 찾고 있어.

男 找到了吗?
　　Zhǎo dào le ma?
　　찾았어?

女 资料太少了，我找不到。
　　Zīliào tài shǎo le, wǒ zhǎo bu dào.
　　자료가 너무 적어, 못 찾겠어.

01 (1) ✕　　　　(2) ○　　　　(3) ✕

02 (1) Ⓑ　　　　(2) Ⓐ

• 쓰기

01 (1) 乘客请排队进来。
　　　Chéngkè qǐng páiduì jìnlái.

(2) 这家酒店是不能抽烟的。
　　Zhè jiā jiǔdiàn shì bù néng chōuyān de.

(3) 我在外面，听不清楚你的声音。
　　Wǒ zài wàimiàn, tīng bu qīngchu nǐ de shēngyīn.

02 (1) 妻子让我订酒店。
　　　Qīzi ràng wǒ dìng jiǔdiàn.
　　　아내는 나에게 호텔을 예약하라고 했다.

(2) 我昨天买不到电影票。
　　Wǒ zuótiān mǎi bu dào diànyǐngpiào.
　　나는 어제 영화표를 사지 못했다.

(3) 我让男朋友去饭店打包晚饭。
　　Wǒ ràng nánpéngyou qù fàndiàn dǎbāo wǎnfàn.
　　나는 남자친구에게 식당에 가서 저녁을 포장해 오라고
　　했다.

• 말하기

(1) 男 喂，你正在做什么? 我们出去玩儿吧。
　　　Wéi, nǐ zhèngzài zuò shénme? Wǒmen chūqù wánr
　　　ba.
　　　여보세요? 너 지금 뭐해? 우리 나가서 놀자.

女 你的声音太小了，我听不清楚。
　　Nǐ de shēngyīn tài xiǎo le, wǒ tīng bu qīngchu.
　　너의 목소리가 너무 작아서, 잘 듣지 못했어.

(2) 女 你也养一只小狗吧。
　　　Nǐ yě yǎng yì zhī xiǎogǒu ba.
　　　너도 강아지 한 마리 키워.

男 妈妈不让我养小狗。
　　Māma bú ràng wǒ yǎng xiǎogǒu.
　　엄마가 강아지 못 키우게 하셔.

(3) 男 你去医院了吗? 医生怎么说的?
　　　Nǐ qù yīyuàn le ma? Yīshēng zěnme shuō de?
　　　너 병원 갔었어? 의사 선생님께서 뭐라고 말씀하셔?

女 医生不让我抽烟。
　　Yīshēng bú ràng wǒ chōuyān.
　　의사 선생님께서 나한테 담배를 피지 말라고 하셨어.

UNIT 09

99p **실전같이 말하기**

女 儿子，收到大学录取通知书以后你想做
　　什么?
　　Érzi, shōudào dàxué lùqǔ tōngzhīshū yǐhòu nǐ xiǎng zuò
　　shénme?
　　아들, 대학교 합격 통보를 받은 후 무엇을 하고 싶니?

男 我想一收到大学录取通知书就去旅行。
　　Wǒ xiǎng yì shōudào dàxué lùqǔ tōngzhīshū jiù qù lǚxíng.
　　저는 대학교 합격 통보를 받자마다 여행을 가고 싶어요.

女 你想去哪儿?
　　Nǐ xiǎng qù nǎr?
　　어디에 가고 싶니?

男 无论是亚洲还是欧洲，我都想去。
　　Wúlùn shì Yàzhōu háishi Ōuzhōu, wǒ dōu xiǎng qù.
　　아시아나 유럽 상관없이 다 가고 싶어요.

100p **연습은 실전같이**

• 듣기 　　　　　　　　　　　　　　　스크립트

01 (1) 无论是黑色的还是红色的，她都想买。
　　　Wúlùn shì hēisè de háishi hóngsè de, tā dōu xiǎng
　　　mǎi.
　　　검은색이든 빨강색이든 그녀는 다 사고 싶어한다.

(2) 无论是小狗还是小猫，我都喜欢。
　　Wúlùn shì xiǎogǒu háishi xiǎomāo, wǒ dōu xǐhuan.
　　강아지든 고양이든 나는 다 좋아한다.

(3) 他一下班就去健身。
　　Tā yí xiàbān jiù qù jiànshēn.
　　그는 퇴근하자 마자 운동하러 간다.

02 男 我们周末做什么?
　　　Wǒmen zhōumò zuò shénme?
　　　우리 주말에 무엇을 할까?

女 我们得去超市买东西。
　　Wǒmen děi qù chāoshì mǎi dōngxi.
　　우리 마트에 가서 물건을 사야 해.

男 那一买完东西就去看电影吧。
　　Nà yì mǎi wán dōngxi jiù qù kàn diànyǐng ba.
　　그럼 물건 다 사고 영화 보러 가자.

女 看中国电影怎么样？
Kàn Zhōngguó diànyǐng zěnmeyàng?
중국영화 보는 게 어때?

男 好啊！无论是韩国电影还是中国电影，我都喜欢看。
Hǎo a! Wúlùn shì Hánguó diànyǐng háishi Zhōngguó diànyǐng, wǒ dōu xǐhuan kàn.
문제없어. 나는 한국영화든 중국영화든 다 좋아해.

01 (1) ○　　　(2) ×　　　(3) ×
02 (1) Ⓑ　　　(2) Ⓐ

• 쓰기
01 (1) 她的手艺比别人好。
Tā de shǒuyì bǐ biérén hǎo.

(2) 这个菜的味道怎么样？
Zhè ge cài de wèidao zěnmeyàng?

(3) 我一起床就打扫房间。
Wǒ yì qǐchuáng jiù dǎsǎo fángjiān.

02 (1) 我一高兴就唱歌。
Wǒ yì gāoxìng jiù chànggē.
나는 기분이 좋으면 노래를 부른다.

or 我一唱歌就高兴。
Wǒ yí chànggē jiù gāoxìng.
나는 노래를 부르면 기분이 좋다.

(2) 我一到家就玩儿游戏。
Wǒ yí dào jiā jiù wánr yóuxì.
나는 집에 도착하자마자 오락을 한다.

(3) 无论是拿铁还是美式咖啡，我都喜欢。
Wúlùn shì nátiě háishi měishì kāfēi, wǒ dōu xǐhuan.
라테든 아메리카노든 나는 다 좋아한다.

• 말하기
(1) 女 家里只有面包和蛋糕，你吃哪个？
Jiā li zhǐ yǒu miànbāo hé dàngāo, nǐ chī nǎ ge?
집에 빵이랑 케이크밖에 없는데, 너는 어느 것을 먹을 거야?

男 都可以，无论是面包还是蛋糕，我都喜欢。
Dōu kěyǐ, wúlùn shì miànbāo háishi dàngāo, wǒ dōu xǐhuan.
다 괜찮아. 나는 빵이든 케이크든 다 좋아해.

(2) 女 你平时吃晚饭以后做什么？
Nǐ píngshí chī wǎnfàn yǐhòu zuò shénme?
너 평소 저녁식사 후에 무엇을 하니？

男 我一吃完晚饭就去骑自行车。
Wǒ yì chī wán wǎnfàn jiù qù qí zìxíngchē.
나는 저녁을 먹자마자 자전거를 타러 가.

(3) 男 下课以后一起去玩儿吧。
Xiàkè yǐhòu yìqǐ qù wánr ba.
수업 후에 우리 같이 놀자.

女 不可以，我很忙，我一下课就得去打工。
Bù kěyǐ, wǒ hěn máng, wǒ yí xiàkè jiù děi qù dǎgōng.
안돼. 나 바빠, 수업이 끝나자마자 아르바이트를 가야 해.

UNIT 10

109p **실전같이 말하기**

女 儿子，你在哪儿？
Érzi, nǐ zài nǎr?
아들, 어디야?

男 我十分钟以后能到家。
Wǒ shí fēnzhōng yǐhòu néng dào jiā.
10분 후면 곧 집에 도착해요.

女 回来的时候，千万别忘了买一瓶油。
Huílái de shíhou, qiānwàn bié wàng le mǎi yì píng yóu.
집에 올 때 기름 한 병 사오는 거 절대 잊지 마.

男 这个时间超市已经关门了，买不了东西。
Zhè ge shíjiān chāoshì yǐjīng guānmén le, mǎi bu liǎo dōngxi.
이 시간에 마트는 이미 문을 닫아서 물건을 살 수 없어요.

110p **연습은 실전같이**

• 듣기 　　　　　　　　　　　　스크립트
01 (1) 我没有耳机，听不了音乐。
Wǒ méiyǒu ěrjī, tīng bu liǎo yīnyuè.
나는 이어폰이 없어서, 음악을 들을 수가 없다.

(2) 在咖啡厅里，千万别抽烟。
Zài kāfēitīng li, qiānwàn bié chōuyān.
커피숍 안에서는 절대 흡연할 수 없다.

(3) 我的手很疼，刷不了碗。
Wǒ de shǒu hěn téng, shuā bu liǎo wǎn.
나는 손이 아파서, 설거지를 할 수 없다.

02 男 喂，你在哪儿？三点半的约会，千万别迟到。
Wéi, nǐ zài nǎr? Sān diǎn bàn de yuēhuì, qiānwàn bié chídào.
여보세요? 너 어디야? 3시 반 약속에 제발 늦지 마.

女 我已经到了，在一楼。
　 Wǒ yǐjīng dào le, zài yī lóu.
　 나 이미 도착했어, 1층이야.

　 东西太多了，我一个人拿不了。
　 Dōngxi tài duō le, wǒ yí ge rén ná bu liǎo.
　 물건이 너무 많아서, 나 혼자 들 수 없어.

男 那我下去帮你。
　 Nà wǒ xiàqù bāng nǐ.
　 그럼 내가 내려가서 도와줄게.

女 好的，谢谢。
　 Hǎo de, xièxie.
　 알았어, 고마워.

01 (1) ✕　　　 (2) ○　　　 (3) ✕
02 (1) Ⓐ　　　 (2) Ⓑ

• 쓰기
01 (1) 我工作越来越忙，搬不了家。
　　 Wǒ gōngzuò yuèláiyuè máng, bān bu liǎo jiā.

　 (2) 我的牙龈很疼，得去医院。
　　 Wǒ de yáyín hěn téng, děi qù yīyuàn.

　 (3) 明天的面试，你千万别紧张。
　　 Míngtiān de miànshì, nǐ qiānwàn bié jǐnzhāng.

02 (1) 千万别忘了带相机。
　　 Qiānwàn bié wàng le dài xiàngjī.
　　 카메라 가져오는 거 제발 잊지 마.

　 (2) 千万不要说我在哪儿。
　　 Qiānwàn bú yào shuō wǒ zài nǎr.
　　 나 어디에 있는지 제발 말하지 마.

　 (3) 我的牙龈有点儿发炎，喝不了酒。
　　 Wǒ de yáyín yǒudiǎnr fāyán, hē bu liǎo jiǔ.
　　 나 잇몸에 염증이 조금 있어서, 술을 마실 수가 없어.

• 말하기
(1) 女 你怎么回来了？
　　 Nǐ zěnme huílái le?
　　 너 어째서 돌아왔니?

　 男 我肚子疼，上不了课。
　　 Wǒ dùzi téng, shàng bu liǎo kè.
　　 배가 아파서 등교하지 못했어요.

(2) 男 你为什么没给我打电话？
　　 Nǐ wèishénme méi gěi wǒ dǎ diànhuà?
　　 너 어째서 나한테 전화를 안 했니?

　 女 我忘带手机了，打不了电话。
　　 Wǒ wàng dài shǒujī le, dǎ bu liǎo diànhuà.
　　 휴대 전화를 안 챙겨와서 전화를 할 수 없었어.

(3) 男 明天有面试，我得做什么？
　　 Míngtiān yǒu miànshì, wǒ děi zuò shénme?
　　 내일 면접인데, 내가 무엇을 준비해야 할까?

　 女 千万别迟到。
　　 Qiānwàn bié chídào.
　　 절대 지각하지마.

UNIT 11

123p 실전같이 말하기

男 你已经结婚了？
　 Nǐ yǐjīng jiéhūn le?
　 너는 이미 결혼을 했구나?

男 是啊，我已经结婚三年多了。
　 Shì a, wǒ yǐjīng jiéhūn sān nián duō le.
　 응, 나는 이미 결혼한 지 3년 넘었어.

男 你们是怎么认识的？
　 Nǐmen shì zěnme rènshi de?
　 너희는 어떻게 알게 되었어?

男 她是我的家教老师，她教我汉语。
　 Tā shì wǒ de jiājiào lǎoshī, tā jiāo wǒ Hànyǔ.
　 그녀는 나의 과외 선생님이었어. 나에게 중국어를 가르쳐 주었지.

124p 연습은 실전같이

• 듣기　　　　　　　　　　　　　　　 스크립트
01 (1) 他来中国一年了。
　　 Tā lái Zhōngguó yì nián le.
　　 그는 중국에 온 지 1년 됐다.

　 (2) 学生问老师一个问题。
　　 Xuésheng wèn lǎoshī yí ge wèntí.
　　 학생이 선생님께 질문을 한다.

　 (3) 姐姐借了我一点儿钱。
　　 Jiějie jiè le wǒ yìdiǎnr qián.
　　 언니는 나에게 돈을 조금 빌려줬다.

02 男 你们谈恋爱多长时间了？
　　 Nǐmen tán liàn'ài duō cháng shíjiān le?
　　 너희는 연애한 지 얼마나 됐어?

　 女 差不多两年了。
　　 Chàbuduō liǎng nián le.
　　 거의 2년 됐어.

　 男 你们打算什么时候结婚？
　　 Nǐmen dǎsuàn shénme shíhou jiéhūn?
　　 언제 결혼할 계획이야?

女 我们想明年结婚。
Wǒmen xiǎng míngnián jiéhūn.
내년쯤에 결혼할 생각이야.

男 明年什么时候?
Míngnián shénme shíhou?
내년 언제?

女 不知道，我们还没告诉父母。
Bù zhīdào, wǒmen hái méi gàosu fùmǔ.
몰라. 아직 부모님께 알리지 않았어.

01 (1) ✕　　　　(2) ○　　　　(3) ○

02 (1) Ⓑ　　　　(2) Ⓒ

• 쓰기

01 (1) 会议已经结束了。
Huìyì yǐjīng jiéshù le.

(2) 这是我和同事的秘密。
Zhè shì wǒ hé tóngshì de mìmì.

(3) 服务员还没找我零钱。
Fúwùyuán hái méi zhǎo wǒ língqián.

02 (1) 我告诉他面试时间。
Wǒ gàosu tā miànshì shíjiān.
나는 그에게 면접 시간을 알렸다.

(2) 他离开一个星期了。
Tā líkāi yí ge xīngqī le.
그가 떠난 지 일주일이 됐다.

(3) 我想送女朋友一件衣服。
Wǒ xiǎng sòng nǚpéngyou yí jiàn yīfu.
나는 여자친구에게 옷 한 벌을 선물하고 싶다.

• 말하기

(1) 男 你为什么买这个礼物?
Nǐ wèishénme mǎi zhè ge lǐwù?
너는 왜 이 선물을 샀어?

女 我要送弟弟生日礼物。
Wǒ yào sòng dìdi shēngrì lǐwù.
나는 남동생에게 생일 선물로 주려고.

(2) 女 你的钱都花光了吗?
Nǐ de qián dōu huā guāng le ma?
너 돈 다 썼어?

男 没有，我借给弟弟了。
Méiyǒu, wǒ jiè gěi dìdi le.
아니. 남동생에게 빌려줬어.

(3) 男 你大学毕业了吗?
Nǐ dàxué bìyè le ma?
너는 대학교 졸업했어?

女 当然，我毕业三年了。
Dāngrán, wǒ bìyè sān nián le.
당연하지, 졸업한 지 3년 됐어.

UNIT 12

133p **실전같이 말하기**

女 喂，你在哪儿?
Wéi, nǐ zài nǎr?
여보세요? 너 어디야?

男 我在家里躺着呢，怎么了?
Wǒ zài jiā li tǎng zhe ne, zěnme le?
나 집에서 누워있어. 왜 그래?

女 今天有课，你怎么还没来?
Jīntiān yǒu kè, nǐ zěnme hái méi lái?
오늘 수업 있잖아. 너 왜 아직도 안 와?

男 哎呀，我差点儿忘了，我以为今天是周六。
Āiyā, wǒ chà diǎnr wàng le, wǒ yǐwéi jīntiān shì zhōuliù.
아이고, 나 하마터면 잊어버릴 뻔했어. 나는 오늘 토요일인 줄 알았어.

134p **연습은 실전같이**

• 듣기 　　　　　　　　　　　　　 스크립트

01 (1) 她们在咖啡厅里坐着。
Tāmen zài kāfēitīng li zuò zhe.
그녀들은 커피숍에 앉아 있다.

(2) 他差点儿摔倒了。
Tā chà diǎnr shuāidǎo le.
그는 하마터면 넘어질 뻔했다.

(3) 他的平板电脑一直关着。
Tā de píngbǎn diànnǎo yìzhí guān zhe.
그의 태블릿 PC는 계속 꺼져 있다.

02 男 我今天差点儿来不了了。
Wǒ jīntiān chà diǎnr lái bu liǎo le.
나 오늘 하마터면 못 올 뻔했어.

女 怎么了?
Zěnme le?
무슨 일이야?

男 来的时候，差点儿摔倒了。
Lái de shíhou, chà diǎnr shuāidǎo le.
올 때, 하마터면 넘어질 뻔했어.

女 你走路的时候千万别看手机。
Nǐ zǒulù de shíhòu qiānwàn bié kàn shǒujī.
너 걸을 때 휴대 전화 좀 제발 보지마.

男 好，知道了。
Hǎo, zhīdào le.
응, 알겠어.

01 (1) ○　　　　　(2) ✕　　　　　(3) ✕

02 (1) ⓒ　　　　　(2) Ⓐ

• 쓰기

01 (1) 我差点儿撞车了。
Wǒ chà diǎnr zhuàngchē le.

(2) 他整天在家玩儿。
Tā zhěngtiān zài jiā wánr.

(3) 他一直在家玩儿电脑游戏。
Tā yìzhí zài jiā wánr diànnǎo yóuxì.

02 (1) 桌子上放着一本书。
Zhuōzi shang fàng zhe yì běn shū.
책상 위에 책 한 권이 놓여 있다.

(2) 今天约会差点儿迟到了。
Jīntiān yuēhuì chà diǎnr chídào le.
오늘 데이트에 하마터면 늦을 뻔했다.

(3) 我朋友一直在图书馆坐着。
Wǒ péngyou yìzhí zài túshūguǎn zuò zhe.
내 친구는 계속 도서관에 앉아 있다.

• 말하기

(1) 男 你怎么了？感冒了吗？
Nǐ zěnme le? Gǎnmào le ma?
너 왜 그래? 감기 걸렸어?

女 是啊，昨天睡觉的时候，空调开着。
Shì a, zuótiān shuìjiào de shíhou, kōngtiáo kāi zhe.
응. 어제 잘 때 에어컨이 켜져 있었어.

(2) 男 您的手机还在那儿。
Nín de shǒujī hái zài nàr.
당신의 휴대 전화는 아직 저쪽에 있어요.

女 谢谢，我差点儿忘带手机了。
Xièxie, wǒ chà diǎnr wàng dài shǒujī le.
고마워요. 하마터면 휴대 전화 가져가는 걸 잊을 뻔했어요.

(3) 男 现在几点？我得去银行。
Xiànzài jǐ diǎn? Wǒ děi qù yínháng.
지금 몇 시야? 나 은행 가야해.

女 快去吧。银行还开着。
Kuài qù ba. Yínháng hái kāi zhe.
빨리 가. 은행 아직 열려있어.

UNIT 13

143p 실전같이 말하기

女 快六点了，准备下班吧。
Kuài liù diǎn le, zhǔnbèi xiàbān ba.
곧 6시야. 퇴근 준비하자.

男 等等我，我得把资料放到会议室里。
Děngdeng wǒ, wǒ děi bǎ zīliào fàng dào huìyìshì li.
기다려. 나 자료를 회의실에 둬야 해.

女 我在哪儿等你？
Wǒ zài nǎr děng nǐ?
내가 어디에서 기다릴까?

男 在这儿等我吧。
Zài zhèr děng wǒ ba.
여기에서 기다려줘.

144p 연습은 실전같이

• 듣기　　　　　　　　　　　　　스크립트

01 (1) 他把空调打开了。
Tā bǎ kōngtiáo dǎkāi le.
그는 에어컨을 켰다.

(2) 我把书包放在桌子上了。
Wǒ bǎ shūbāo fàng zài zhuōzi shang le.
나는 책가방을 책상 위에 놓았다.

(3) 快九点了，我得起床。
Kuài jiǔ diǎn le, wǒ děi qǐchuáng.
곧 9시가 되니, 나는 일어나야 한다.

02 男 你怎么这么生气？
Nǐ zěnme zhème shēngqì?
너 어째서 이렇게 화가 났어?

女 我妹妹把我的快递打开了。
Wǒ mèimei bǎ wǒ de kuàidì dǎkāi le.
여동생이 내 택배를 열어봤어.

男 你买了什么？
Nǐ mǎi le shénme?
너는 무엇을 샀는데?

女 我买了非常贵的衣服。
Wǒ mǎi le fēicháng guì de yīfu.
엄청 비싼 옷을 샀거든.

男 那你妹妹做什么了？
Nà nǐ mèimei zuò shénme le?
그럼 여동생이 무엇을 했는데?

女 她把我的衣服穿出去了。
Tā bǎ wǒ de yīfu chuān chūqù le.
여동생이 내 옷을 입고 나갔어.

01 (1) ○ (2) × (3) ×
02 (1) Ⓐ (2) Ⓒ

• 쓰기

01 (1) 这是我老家的特产。
Zhè shì wǒ lǎojiā de tèchǎn.

(2) 你下班以后把快递打开吧。
Nǐ xiàbān yǐhòu bǎ kuàidì dǎ kāi ba.

(3) 她听到这个消息就生气了。
Tā tīng dào zhè ge xiāoxi jiù shēngqì le.

02 (1) 我把电视关上了。
Wǒ bǎ diànshì guān shàng le.
내가 텔레비전을 껐다.

(2) 我的弟弟快毕业了。
Wǒ de dìdi kuài bìyè le.
내 남동생은 곧 졸업을 한다.

(3) 你把耳机放在哪儿了？
Nǐ bǎ ěrjī fàng zài nǎr le?
너 이어폰 어디에 두었어?

• 말하기

(1) 男 家里怎么这么热？
Jiā li zěnme zhème rè?
집안이 어째서 이렇게 더워?

女 是吗？那你把空调打开吧。
Shì ma? Nà nǐ bǎ kōngtiáo dǎkāi ba.
그래요? 그럼 에어컨을 켜요.

(2) 男 你周末打算去哪儿？
Nǐ zhōumò dǎsuàn qù nǎr?
주말에 어디를 갈 계획이에요?

女 快春天了，我去公园散步。
Kuài chūntiān le, wǒ qù gōngyuán sànbù.
곧 봄이잖아요. 공원에 산책하러 가요.

(3) 女 你要去骑自行车吗？
Nǐ yào qù qí zìxíngchē ma?
너 자전거 타러 가려고?

男 不，我把自行车放到车上。
Bù, wǒ bǎ zìxíngchē fàng dào chē shang.
아니. 차에 자전거를 실어 두게.

153p 실전같이 말하기

女 听说你打算搬家。
Tīngshuō nǐ dǎsuàn bānjiā.
듣기로 너 이사할 계획이라면서.

女 是啊，现在的房子不但贵，而且离公司很远。
Shì a, xiànzài de fángzi búdàn guì, érqiě lí gōngsī hěn yuǎn.
응. 지금 방은 비쌀 뿐만 아니라, 회사에서도 너무 멀어.

女 那你回家跟父母一起住吗？
Nà nǐ huíjiā gēn fùmǔ yìqǐ zhù ma?
그러면 집으로 돌아가서 부모님이랑 같이 사는 거야?

女 跟父母一起住不如我一个人住。
Gēn fùmǔ yìqǐ zhù bùrú wǒ yí ge rén zhù.
부모님이랑 같이 사는 것보다, 나 혼자 사는 것이 나아.

154p 연습은 실전같이

• 듣기

스크립트

01 (1) 她不但会说英语，而且说得很好。
Tā búdàn huì shuō Yīngyǔ, érqiě shuō de hěn hǎo.
그녀는 영어를 할 줄 알 뿐만 아니라, 유창하기까지 하다.

(2) 咖啡跟面包一样贵，喝咖啡不如吃面包。
Kāfēi gēn miànbāo yíyàng guì, hē kāfēi bùrú chī miànbāo.
커피랑 빵이 똑같이 비싼데, 커피 마시는 것보다 빵을 먹는 것이 낫다.

(3) 这双鞋不但不舒服，而且不漂亮。
Zhè shuāng xié búdàn bù shūfu, érqiě bú piàoliang.
이 신발은 불편할 뿐만 아니라, 예쁘지도 않다.

02 男 我想去北京旅行。
Wǒ xiǎng qù Běijīng lǚxíng.
나 베이징에 여행 가고 싶어.

女 你为什么要去北京？
Nǐ wèishénme yào qù Běijīng?
왜 베이징으로 가려고 하는데?

男 北京不但有很多好玩儿的，而且有很多好吃的。
Běijīng búdàn yǒu hěn duō hǎowánr de, érqiě yǒu hěn duō hǎochī de.
베이징은 재미있는 것이 많을 뿐만 아니라, 맛있는 것도 매우 많잖아.

女 什么时候去？
Shénme shíhou qù?
언제 가?

男 我想暑假的时候去。
Wǒ xiǎng shǔjià de shíhou qù.
나는 여름방학 때 갈 생각이야.

01 (1) ×　　　(2) ○　　　(3) ×

02 (1) ⓒ　　　(2) ⓑ

• 쓰기

01 (1) 在室内千万别抽烟。
Zài shìnèi qiānwàn bié chōuyān.

(2) 空气不好，别出去玩儿了。
Kōngqì bù hǎo, bié chūqù wánr le.

(3) 我明天出国，要去银行换钱。
Wǒ míngtiān chūguó, yào qù yínháng huànqián.

02 (1) 叫外卖不如在家做饭吃。
Jiào wàimài bùrú zài jiā zuòfàn chī.
음식을 배달시키는 것보다 집에서 만들어 먹는 게
낫다.

or 在家做饭吃不如叫外卖。
Zài jiā zuòfàn chī bùrú jiào wàimài.
집에서 만들어 먹는 것보다 음식을 배달시키는 게
낫다.

(2) 汉语不但容易，而且很有意思。
Hànyǔ búdàn róngyì, érqiě hěn yǒu yìsi.
중국어는 쉬울 뿐만 아니라, 재미도 있다.

or 汉语不但很有意思，而且容易。
Hànyǔ búdàn hěn yǒu yìsi, érqiě róngyì.
중국어는 재미있을 뿐만 아니라, 쉽다.

(3) 这个学生不但很善良，而且很幽默。
Zhè ge xuéshēng búdàn hěn shànliáng, érqiě hěn
yōumò.
이 학생은 착할뿐만 아니라, 유머러스하다.

or 这个学生不但很幽默，而且很善良。
Zhè ge xuéshēng búdàn hěn yōumò, érqiě hěn
shànliáng.
이 학생은 유머러스할 뿐만 아니라, 착하다.

• 말하기

(1) 男 我起得太晚了，会迟到的。
Wǒ qǐ de tài wǎn le, huì chídào de.
나 오늘 너무 늦게 일어나서, 지각할 거 같아.

女 现在堵车很厉害，自己开车不如坐地铁。
Xiànzài dǔchē hěn lìhai, zìjǐ kāichē bùrú zuò dìtiě.
지금 차가 많이 막히니, 운전하는 것보다 지하철을 타
는 것이 나아.

(2) 男 你会什么运动？
Nǐ huì shénme yùndòng?
너는 무슨 운동을 할 줄 알아?

女 我不但会游泳，而且会踢足球。
Wǒ búdàn huì yóuyǒng, érqiě huì tī zúqiú.
나는 수영을 할 뿐만 아니라, 축구도 할 수 있어.

(3) 女 你怎么这么累？
Nǐ zěnme zhème lèi?
왜 이렇게 피곤해 하니?

男 我每天不但工作，而且还得照顾孩子。
Wǒ měitiān búdàn gōngzuò, érqiě hái děi zhàogù
háizi.
나는 매일 일을 할 뿐만 아니라, 아이까지 돌보잖아.

UNIT 15

163p 실전같이 말하기

女 听说你儿子去中国留学了。
Tīngshuō nǐ érzi qù Zhōngguó liúxué le.
듣기로 네 아들 중국으로 유학 갔다면서.

女 是啊，对一个小孩儿来说，在外国生活挺
难的。
Shì a, duì yí ge xiǎoháir lái shuō, zài wàiguó shēnghuó tǐng
nán de.
응, 어린 아이의 입장에서는 외국 생활이 아주 힘들지.

女 你儿子一个人去的吗？
Nǐ érzi yí ge rén qù de ma?
아들 혼자 간 거야?

女 不是，幸亏他爸爸也在中国，我才能放心。
Bú shì, xìngkuī tā bàba yě zài Zhōngguó, wǒ cái néng
fàngxīn.
아니. 다행히 아빠가 중국에 있어서, 내가 비로소 안심할 수
있어.

164p 연습은 실전같이

• 듣기
스크립트

01 (1) 幸亏按时到了，我才能坐上火车。
Xìngkuī ànshí dào le, wǒ cái néng zuò shàng huǒchē.
다행히 제때에 도착해서, 나는 비로소 기차를 탈 수
있다.

정답 241

(2) 对老人来说，健康最重要。

　　Duì lǎorén lái shuō, jiànkāng zuì zhòngyào.

　　노인의 입장에서, 건강이 가장 중요하다.

(3) 幸亏带了零食，才不饿。

　　Xìngkuī dài le língshí, cái bú è.

　　나는 다행히 간식을 가지고 와서, 배고프지 않다.

02 男 刚开始学汉语的时候，你觉得什么
　　 最难?

　　Gāng kāishǐ xué Hànyǔ de shíhou, nǐ juéde shénme
　　zuì nán?

　　중국어를 배우기 시작할 때, 너는 뭐가 제일 어렵다고
　　생각해?

　　女 对我来说，声调最难。

　　Duì wǒ lái shuō, shēngdiào zuì nán.

　　내 입장에서는 성조가 가장 어려워.

　　男 那你是怎么学声调的?

　　Nà nǐ shì zěnme xué shēngdiào de?

　　그럼 너는 어떻게 성조를 배웠어?

　　女 幸亏一个中国朋友帮我，我才能学好
　　 声调。

　　Xìngkuī yí ge Zhōngguó péngyou bāng wǒ, wǒ cái
　　néng xué hǎo shēngdiào.

　　다행히 중국 친구가 도와줘서, 나는 겨우 성조를
　　배웠어.

01 (1) ✕　　　　(2) ○　　　　(3) ✕

02 (1) Ⓑ　　　　(2) Ⓑ

• 쓰기

01 (1) 我还没适应公司环境。

　　Wǒ hái méi shìyìng gōngsī huánjìng.

(2) 旅客按时到达了机场。

　　Lǚkè ànshí dàodá le jīchǎng.

(3) 我想改改我的生活习惯。

　　Wǒ xiǎng gǎigai wǒ de shēnghuó xíguàn.

02 (1) 幸亏有你，才没失败。

　　Xìngkuī yǒu nǐ, cái méi shībài.

　　다행히 네가 있어서, 비로소 실패를 안 했다.

(2) 对学生来说，学习最重要。

　　Duì xuéshēng lái shuō, xuéxí zuì zhòngyào.

　　학생 입장에서는 공부가 가장 중요하다.

(3) 幸亏你提醒我，才按时吃药了。

　　Xìngkuī nǐ tíxǐng wǒ, cái ànshí chīyào le.

　　다행히 네가 나한테 알려줘서, 비로소 제시간에 약을
　　먹었다.

• 말하기

(1) 男 我觉得父母照顾孩子是很重要的事。

　　Wǒ juéde fùmǔ zhàogù háizi shì hěn zhòngyào de shì.

　　나는 부모가 아이를 돌보는 것은 중요한 일이라고 생각
　　해요.

　　女 对呀! 对父母来说，孩子很重要。

　　Duì ya! Duì fùmǔ láishuō, háizi hěn zhòngyào.

　　맞아요! 부모에게 아이는 가장 중요하지요.

(2) 女 这么晚你还能买到药吗?

　　Zhème wǎn nǐ hái néng mǎi dào yào ma?

　　이렇게 늦은 시간에 약을 살 수 있었어?

　　男 幸亏药店没关门，我才能买到药。

　　Xìngkuī yàodiàn méi guānmén, wǒ cái néng mǎi dào
　　yào.

　　다행히 약국이 문을 안 닫아서, 나는 비로소 약을 살 수
　　있었어.

(3) 男 你怎么知道今天下雨?

　　Nǐ zěnme zhīdào jīntiān xiàyǔ?

　　너 오늘 비오는 거 어떻게 알았어?

　　女 幸亏我妈妈给我雨伞，我才知道今天要
　　 下雨。

　　Xìngkuī wǒ māma gěi wǒ yǔsǎn, wǒ cái zhīdào jīntiān
　　yào xiàyǔ.

　　다행히 엄마가 우산을 줘서, 비로소 오늘 비가 온다는
　　것을 알았어.

UNIT 16

177p **실전같이 말하기**

男 妈妈，我回来了，有饭吗?

　Māma, wǒ huílái le, yǒu fàn ma?

　엄마 저 왔어요. 밥 있어요?

女 你没吃饭吗?

　Nǐ méi chīfàn ma?

　너 밥 안 먹었니?

男 我今天很忙，一顿饭都没吃。

　Wǒ jīntiān hěn máng, yí dùn fàn dōu méi chī.

　오늘 너무 바빠서 한 끼도 못 먹었어요.

女 那趁你换衣服，我给你煮方便面。

　Nà chèn nǐ huàn yīfu, wǒ gěi nǐ zhǔ fāngbiànmiàn.

　그럼 네가 옷을 갈아입는 틈을 타서, 엄마가 라면 끓여줄게.

242

• 듣기

스크립트

01 (1) 我趁妈妈不在家玩儿游戏。

Wǒ chèn māma bú zài jiā wánr yóuxì.

나는 엄마가 집에 안 계신 틈을 타 오락을 한다.

(2) 我作业一道题都没做出来。

Wǒ zuòyè yí dào tí dōu méi zuò chūlái.

나는 숙제를 한 문제도 못 풀었다.

(3) 客厅里一个人都没有。

Kètīng li yí ge rén dōu méiyǒu.

거실에 한 사람도 없다.

02 男 下周我去美国出差。

Xiàzhōu wǒ qù Měiguó chūchāi.

다음 주에 나는 미국으로 출장을 가.

女 你趁这次出差，给我买包吧。

Nǐ chèn zhè cì chūchāi, gěi wǒ mǎi bāo ba.

당신 이번에 출장을 가는 김에 나 가방 좀 사줘.

男 没问题，除了包以外，还想要什么？

Méi wèntí, chúle bāo yǐwài, hái xiǎng yào shénme?

문제 없지. 가방 말고 또 뭐 필요한 거 있어?

女 都给我买吗？

Dōu gěi wǒ mǎi ma?

다 사줄 거야?

男 我上次出差的时候，一个礼物都没给你买。

Wǒ shàngcì chūchāi de shíhou, yí ge lǐwù dōu méi gěi nǐ mǎi.

지난번 출장 때 선물을 하나도 못 사줬잖아.

女 太好了，我还想要化妆品。

Tài hǎo le, wǒ hái xiǎng yào huàzhuāngpǐn.

너무 좋아. 나 화장품도 필요해.

01 (1) ○　　　(2) ×　　　(3) ×

02 (1) ⓒ　　　(2) Ⓐ

• 쓰기

01 (1) 会议顺利地结束了。

Huìyì shùnlì de jiéshù le.

(2) 这水果是当地特产。

Zhè shuǐguǒ shì dāngdì tèchǎn.

(3) 别伤心，下次还有机会。

Bié shāngxīn, xiàcì hái yǒu jīhuì.

02 (1) 他一个朋友都没有。

Tā yí ge péngyou dōu méiyǒu.

그는 친구가 한 명도 없다.

(2) 我一分钱都没挣过。

Wǒ yì fēn qián dōu méi zhèng guo.

나는 돈을 한 푼도 벌어본 적이 없다.

(3) 我要趁有时间多休息。

Wǒ yào chèn yǒu shíjiān duō xiūxi.

나는 시간 있을 때 많이 쉬려고 한다.

• 말하기

(1) 男 我们一起去吃午饭吧。

Wǒmen yìqǐ qù chī wǔfàn ba.

우리 같이 점심 먹자.

女 不，我趁吃午饭的时间做瑜伽。

Bù, wǒ chèn chī wǔfàn de shíjiān zuò yújiā.

안돼. 나 점심시간을 이용해서 요가를 하거든.

(2) 男 我们去那家尝尝吧。

Wǒmen qù nà jiā chángchang ba.

우리 저 식당에 가서 먹어보자.

女 你看，饭店里一个人都没有，我觉得不好吃。

Nǐ kàn, fàndiàn li yí ge rén dōu méiyǒu, wǒ juéde bù hǎochī.

봐봐. 식당 안에 손님이 한 명도 없어, 내 생각에는 맛이 없을 거 같아.

(3) 男 你的运动鞋什么时候买的？

Nǐ de yùndòngxié shénme shíhou mǎi de?

너 운동화 언제 샀어?

女 趁跟妈妈一起去百货商店，我让妈妈给我买的。

Chèn gēn māma yìqǐ qù bǎihuò shāngdiàn, wǒ ràng māma gěi wǒ mǎi de.

엄마랑 같이 백화점 간 틈을 타서, 엄마에게 사달라고 했지.

UNIT 17

女 我对韩国音乐很感兴趣，打算去韩国看K-POP演唱会。

Wǒ duì Hánguó yīnyuè hěn gǎn xìngqù, dǎsuàn qù Hánguó kàn K-POP yǎnchànghuì.

나는 한국음악에 푹 빠졌어. 한국으로 K-POP 콘서트 보러 갈 계획이야.

男 那你打算什么时候去？

Nà nǐ dǎsuàn shénme shíhou qù?

그럼 언제 갈 계획이야？

女 这件事被妈妈发现了，现在我不能去了。
Zhè jiàn shì bèi māma fāxiàn le, xiànzài wǒ bù néng qù le.
이 일을 엄마에게 들켜서 나는 당분간 갈 수 없게 됐어.

男 太遗憾了。
Tài yíhàn le.
너무 아쉽다.

• 듣기

스크립트

01 (1) 玻璃杯被我的胳膊打碎了。
Bōlibēi bèi wǒ de gēbo dǎsuì le.
유리컵이 내 팔에 깨졌다.

(2) 他被自行车撞伤了。
Tā bèi zìxíngchē zhuàng shāng le.
그는 자전거에 부딪쳐 다쳤다.

(3) 最近我对做菜很感兴趣。
Zuìjìn wǒ duì zuò cài hěn gǎn xìngqù.
요즘 나는 요리를 하는 것에 관심있다.

02 男 你怎么这么生气？
Nǐ zěnme zhème shēngqì?
너 왜 이렇게 화가 났어?

女 我的自行车被小偷偷走了。
Wǒ de zìxíngchē bèi xiǎotōu tōu zǒu le.
내 자전거를 도둑이 훔쳐갔어.

男 你趁这个机会买新的吧。
Nǐ chèn zhè ge jīhuì mǎi xīn de ba.
너 이 기회에 새로 사.

女 我不想买，因为被偷的自行车是刚
买的。
Wǒ bù xiǎng mǎi, yīnwèi bèi tōu de zìxíngchē shì
gāng mǎi de.
사고 싶지 않아, 훔쳐간 자전거는 막 새로 산 거야.

所以我对骑自行车不感兴趣了。
Suǒyǐ wǒ duì qí zìxíngchē bù gǎn xìngqù le.
그래서 나는 자전거 타는 것에 흥미가 없어졌어.

01 (1) ○   (2) ×   (3) ○
02 (1) ⓒ   (2) Ⓐ

• 쓰기

01 (1) 我们改天再说吧。
Wǒmen gǎitiān zài shuō ba.

(2) 我的简历写完了。
Wǒ de jiǎnlì xiě wán le.

(3) 我被一家电子公司录用了。
Wǒ bèi yì jiā diànzǐ gōngsī lùyòng le.

02 (1) 碟子被弟弟打碎了。
Diézi bèi dìdi dǎsuì le.
남동생이 접시를 깨뜨렸다.

(2) 我对中国歌曲感兴趣。
Wǒ duì Zhōngguó gēqǔ gǎn xìngqù.
나는 중국 노래에 관심이 많다.

(3) 我的方便面被弟弟吃光了。
Wǒ de fāngbiànmiàn bèi dìdi chī guāng le.
내 라면을 남동생이 다 먹어버렸다.

• 말하기

(1) 女 你的眼睛怎么了？
Nǐ de yǎnjing zěnme le?
너 눈이 왜 그래?

男 我的眼睛被门撞伤了。
Wǒ de yǎnjing bèi mén zhuàng shāng le.
내 눈은 문에 부딪혀서 다쳤어.

(2) 男 你怎么没接电话？
Nǐ zěnme méi jiē diànhuà?
너 왜 전화를 안 받았어?

女 我的手机被人偷走了。
Wǒ de shǒujī bèi rén tōu zǒu le.
내 휴대 전화를 누가 훔쳐갔어.

(3) 男 你为什么去那儿打工？
Nǐ wèishénme qù nàr dǎgōng?
너는 왜 그곳에서 아르바이트를 해?

女 我对时装很感兴趣，我想去学学。
Wǒ duì shízhuāng hěn gǎn xìngqù, wǒ xiǎng qù xuéxue.
나는 패션에 관심이 많아서 배우러 가고 싶어.

UNIT 18

男 有时间时，你做什么？
Yǒu shíjiān shí, nǐ zuò shénme?
너는 시간 있을 때 무엇을 해?

男 我只要有时间，就去济州岛。
Wǒ zhǐyào yǒu shíjiān, jiù qù Jìzhōudǎo.
나는 시간만 있으면 제주도에 가.

男 你为什么这么喜欢去那儿？
Nǐ wèishénme zhème xǐhuan qù nàr?
너는 왜 그렇게 그곳을 좋아해?

男 济州岛很漂亮，值得去玩儿。
Jìzhōudǎo hěn piàoliang, zhídé qù wánr.
제주도 아름답잖아, 가볼만한 가치가 있는 곳이야.

198p 연습은 실전같이

• 듣기

스크립트

01 (1) 她只要有时间，就去运动。
Tā zhǐyào yǒu shíjiān, jiù qù yùndòng.
그녀는 시간만 있으면 운동하러 간다.

(2) 我爸爸只要有钱，就去买股票。
Wǒ bàba zhǐyào yǒu qián, jiù qù mǎi gǔpiào.
아빠는 돈만 있으면 가서 주식을 산다.

(3) 昨天的饭店很好吃，值得再去尝尝。
Zuótiān de fàndiàn hěn hǎochī, zhídé zài qù chángchang.
어제 식당은 너무 맛있어서, 다시 가서 맛볼만하다.

02 男 我发现最近很多人学汉语。
Wǒ fāxiàn zuìjìn hěn duō rén xué Hànyǔ.
요즘 많은 사람들이 중국어 배우는 것을 발견했어.

女 是啊，我也觉得汉语值得学。
Shì a, wǒ yě juéde Hànyǔ zhídé xué.
그래. 나도 중국어는 배울할만 가치가 있다고 생각해.

男 你也学汉语了吗？
Nǐ yě xué Hànyǔ le ma?
너도 중국어 배웠어?

女 我最近只要有时间，就去学汉语。
Wǒ zuìjìn zhǐyào yǒu shíjiān, jiù qù xué Hànyǔ.
나 요즘 시간만 있으면, 중국어 배우러 다녀.

01 (1) ✕   (2) ◯   (3) ◯

02 (1) Ⓐ   (2) Ⓒ

• 쓰기

01 (1) 这家餐厅要排队。
Zhè jiā cāntīng yào páiduì.

(2) 老师，这是我们的心意。
Lǎoshī, zhè shì wǒmen de xīnyì.

(3) 这条路每次堵车很厉害。
Zhè tiáo lù měicì dǔchē hěn lìhai.

02 (1) 这个东西值得花钱买。
Zhè ge dōngxi zhídé huāqián mǎi.
이 물건은 돈을 써서 살만한 가치가 있다.

(2) 只要努力运动，就能减肥。
Zhǐyào nǔlì yùndòng, jiù néng jiǎnféi.
열심히 운동만 하면, 살이 빠질 수 있다.

(3) 只要不下雨，就可以去爬山。
Zhǐyào bú xiàyǔ, jiù kěyǐ qù páshān.
비가 오지만 않으면, 등산하러 갈 수 있다.

• 말하기

(1) 男 妈妈，这次考试我能通过吗？
Māma, zhè cì kǎoshì wǒ néng tōngguò ma?
엄마, 이번 시험에 내가 통과할 수 있을까요?

女 一定没问题，你只要努力学习，就能通过考试。
Yídìng méi wèntí, nǐ zhǐyào nǔlì xuéxí, jiù néng tōngguò kǎoshì.
분명 문제없을 거야. 네가 열심히 공부만 하면, 시험은 통과할 수 있어.

(2) 男 你看，那家餐厅人真多！
Nǐ kàn, nà jiā cāntīng rén zhēn duō!
봐봐. 저 식당 사람 정말 많다!

女 是啊，那家很好吃，值得去尝尝。
Shì a, nà jiā hěn hǎochī, zhídé qù chángchang.
그래. 저 집 맛있어, 먹어보러 갈만해.

(3) 男 我有点儿头疼、发烧，好像感冒了。
Wǒ yǒudiǎnr tóuténg, fāshāo, hǎoxiàng gǎnmào le.
나 조금 머리가 아프고, 열이나. 감기에 걸린 거 같아.

女 你只要吃药，就会好的。
Nǐ zhǐyào chīyào, jiù huì hǎo de.
너는 약만 먹으면, 바로 좋아질 거야.

UNIT 19

207p 실전같이 말하기

女 这部动画片很有名，你看了吗？
Zhè bù dònghuàpiàn hěn yǒumíng, nǐ kàn le ma?
이 애니메이션 엄청 유명해, 너 봤어?

男 我想看是想看，就是电影院里小孩儿太多。
Wǒ xiǎng kàn shì xiǎng kàn, jiù shì diànyǐngyuàn li xiǎoháir tài duō.
보고 싶기는 보고 싶은데, 영화관 안에 아이들이 너무 많아.

女 你只有早上去看，才没有小孩儿。
Nǐ zhǐyǒu zǎoshang qù kàn, cái méiyǒu xiǎoháir.
너 아침에 가서 봐야지만, 아이들이 없어.

男 太好了，谢谢你告诉我。
Tài hǎo le, xièxie nǐ gàosu wǒ.
정말 좋다. 알려줘서 고마워.

• 듣기

01 (1) 只有毕业了，我才能去国外旅行。
Zhǐyǒu bìyè le, wǒ cái néng qù guówài lǚxíng.
졸업을 해야지만, 나는 해외여행을 갈 수 있다.

(2) 这条裤子好看是好看，就是有点儿大。
Zhè tiáo kùzi hǎokàn shì hǎokàn, jiù shì yǒudiǎnr dà.
이 바지는 예쁘기는 예쁜데 단지 조금 크다.

(3) 只有加入会员，才能买到东西。
Zhǐyǒu jiārù huìyuán, cái néng mǎi dào dōngxi.
회원 가입을 해야지만, 물건을 살 수 있다.

02 男 妈妈，我可以看电视吗？
Māma, wǒ kěyǐ kàn diànshì ma?
엄마, 나 텔레비전 봐도 돼요?

女 你没有作业吗？
Nǐ méiyǒu zuòyè ma?
너 숙제 없어?

男 有是有，就是不太想做。
Yǒu shì yǒu, jiù shì bú tài xiǎng zuò.
있긴 있는데 하고 싶지 않아요.

女 不行，只有做完作业，才能看电视。
Bù xíng, zhǐyǒu zuò wán zuòyè, cái néng kàn diànshì.
안돼. 숙제를 다 해야지만, 텔레비전을 볼 수 있어.

男 好吧，那我先做作业。
Hǎo ba, nà wǒ xiān zuò zuòyè.
알았어요. 그럼 먼저 숙제를 할게요.

01 (1) ✕ (2) ○ (3) ○
02 (1) ⓒ (2) ⓑ

• 쓰기

01 (1) 交通问题是很复杂的。
Jiāotōng wèntí shì hěn fùzá de.

(2) 这个资料可以在网站上下载。
Zhè ge zīliào kěyǐ zài wǎngzhàn shang xiàzài.

(3) 电影没有字幕，我都看不懂。
Diànyǐng méiyǒu zìmù, wǒ dōu kàn bu dǒng.

02 (1) 只有买票，才能进去。
Zhǐyǒu mǎi piào, cái néng jìnqù.
표를 사야지만, 들어갈 수 있다.

(2) 漂亮是漂亮，就是太贵了。
Piàoliang shì piàoliang, jiù shì tài guì le.
예쁘기는 예쁜데, 단지 너무 비싸다.

(3) 只有努力运动，才能健康。
Zhǐyǒu nǔlì yùndòng, cái néng jiànkāng.
열심히 운동해야만, 건강할 수 있다.

• 말하기

(1) 女 你还没有手机吗？
Nǐ hái méiyǒu shǒujī ma?
너 아직 휴대 전화 없어?

男 妈妈说只有通过考试，才给我买手机。
Māma shuō zhǐyǒu tōngguò kǎoshì, cái gěi wǒ mǎi shǒujī.
엄마가 시험에 통과해야지만, 휴대 전화를 사주신다고 했어.

(2) 男 你最近新搬的房子怎么样？
Nǐ zuìjìn xīn bān de fángzi zěnmeyàng?
너 최근에 이사한 집 어때?

女 那个房子宽敞是宽敞，就是离公司太远了。
Nà ge fángzi kuānchang shì kuānchang, jiù shì lí gōngsī tài yuǎn le.
그 집은 넓기는 넓은데, 단지 회사와 거리가 너무 멀어.

(3) 男 我想借这本书。
Wǒ xiǎng jiè zhè běn shū.
이 책을 빌리고 싶어요.

女 只有携带身份证才能借书。
Zhǐyǒu xiédài shēnfènzhèng cái néng jiè shū.
신분증이 있어야지만, 책을 빌릴 수 있어요.

UNIT **20**

女 怎么办？晚饭还没做呢。
Zěnme bàn? Wǎnfàn hái méi zuò ne.
어떡하지? 아직 저녁밥을 못했어.

男 没关系，我替你做吧。
Méi guānxi, wǒ tì nǐ zuò ba.
괜찮아, 내가 당신 대신 만들게.

女 你能做吗？还是我做吧。
Nǐ néng zuò ma? Háishi wǒ zuò ba.
당신이 할 수 있겠어? 아무래도 내가 하는게 낫겠어.

男 没问题，既然你感冒了，就多休息吧。
Méi wèntí, jìrán nǐ gǎnmào le, jiù duō xiūxi ba.
문제없어. 당신은 감기 걸린 김에 푹 쉬어.

연습은 실전같이

• 듣기　　　　　　　　　　　　　　　　　　　스크립트

01 (1) 既然分手了，就别给他打电话了。
　　　Jìrán fēnshǒu le, jiù bié gěi tā dǎ diànhuà le.
　　　이미 헤어진 바에야, 그에게 전화하지 마라.

(2) 你休息吧，我替你打扫房间。
　　　Nǐ xiūxi ba, wǒ tì nǐ dǎsǎo fángjiān.
　　　너 쉬어. 내가 네 대신 방을 청소할게.

(3) 既然自行车坏了，就买一辆新的吧。
　　　Jìrán zìxíngchē huài le, jiù mǎi yí liàng xīn de ba.
　　　기왕 자전거가 고장 난 김에 새걸로 한 대 사자.

02 男　儿子的生日是周六还是周日？
　　　Érzi de shēngrì shì zhōuliù háishi zhōurì?
　　　아들 생일이 토요일이야 아니면 일요일이야?

　　女　周六，他想去游乐场。
　　　Zhōuliù, tā xiǎng qù yóulèchǎng.
　　　토요일, 놀이동산 가고 싶대.

　　男　可是这个周六我得替同事上班。
　　　Kěshì zhè ge zhōuliù wǒ děi tì tóngshì shàngbān.
　　　그런데 이번 주 토요일에 동료 대신 출근해야 해.

　　女　既然你去上班，那就我跟儿子去吧。
　　　Jìrán nǐ qù shàngbān, nà jiù wǒ gēn érzi qù ba.
　　　당신이 출근하게 된 이상, 내가 아들과 갈게.

　　　千万别忘了给儿子买礼物。
　　　Qiānwàn bié wàng le gěi érzi mǎi lǐwù.
　　　부디 아들에게 줄 선물 사는 것은 잊지 마.

01 (1) ×　　　　　**(2)** ×　　　　　**(3)** ○

02 (1) Ⓑ　　　　　**(2)** Ⓐ

• 쓰기

01 (1) 我的电脑不能开机了。
　　　Wǒ de diànnǎo bù néng kāijī le.

(2) 修理需要多长时间？
　　　Xiūlǐ xūyào duō cháng shíjiān?

(3) 快春节了，赶紧买礼物吧。
　　　Kuài Chūn Jié le, gǎnjǐn mǎi lǐwù ba.

02 (1) 我得替同事写报告。
　　　Wǒ děi tì tóngshì xiě bàogào.
　　　나는 동료를 대신해 보고서를 써야 한다.

(2) 既然身体不舒服，就别上班了。
　　　Jìrán shēntǐ bù shūfu, jiù bié shàngbān le.
　　　기왕 몸이 좋지 않으니, 출근하지 마.

(3) 既然已经迟到了，就坐公交车吧。
　　　Jìrán yǐjīng chídào le, jiù zuò gōngjiāochē ba.
　　　이미 늦었으니, 버스 타고 가자.

• 말하기

(1) 男　我的住院手续办了吗？
　　　Wǒ de zhùyuàn shǒuxù bàn le ma?
　　　내 입원 수속은 다 끝났어?

　　女　已经办了，同事替你办住院手续了。
　　　Yǐjīng bàn le, tóngshì tì nǐ bàn zhùyuàn shǒuxù le.
　　　이미 다 했어. 동료가 네 대신 입원수속 했어.

(2) 女　你看百货商店正在打折呢。
　　　Nǐ kàn bǎihuò shāngdiàn zhèngzài dǎzhé ne.
　　　봐봐, 백화점 세일 중이야.

　　女　既然百货商店打折，我们就去买衣服吧。
　　　Jìrán bǎihuò shāngdiàn dǎzhé, wǒmen jiù qù mǎi yīfu ba.
　　　기왕 백화점이 세일을 하게 된 이상, 우리 옷을 사러 가자.

(3) 女　这些东西你能搬吗？
　　　Zhè xiē dōngxi nǐ néng bān ma?
　　　너 이 물건들을 옮길 수 있겠어?

　　女　不能，一会儿朋友们过来替我搬。
　　　Bù néng, yíhuìr péngyoumen guòlái tì wǒ bān.
　　　아니. 이따가 친구들이 와서 나 대신 옮겨준대.

색인